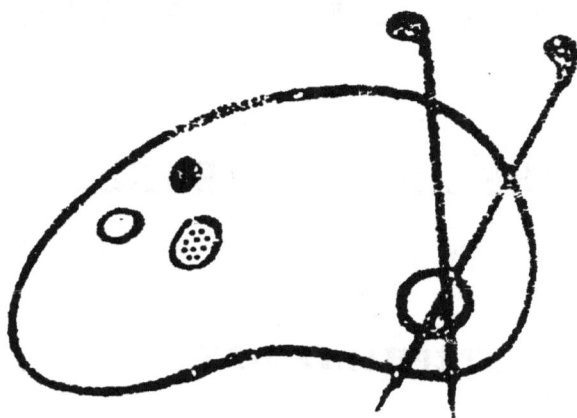

Début d'une série de documents
en couleur

JEANNE
DE BELLEMARE

OU

L'ORPHELINE DE VERNEUIL

PAR

STÉPHANIE ORY

TOURS

ALFRED MAME ET FILS, ÉDITEURS

BIBLIOTHÈQUE
DE LA
JEUNESSE CHRÉTIENNE

FORMAT IN-8° — 3e SÉRIE

Tours — Impr. Mame.

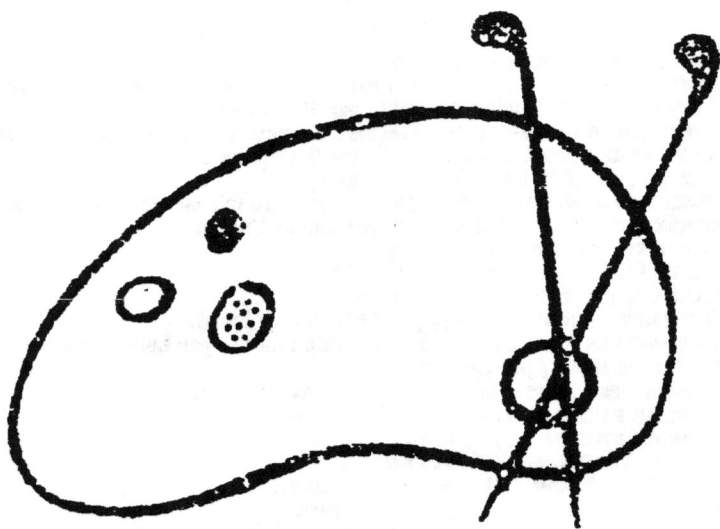

Fin d'une série de documents
en couleur

BIBLIOTHÈQUE

DE LA

JEUNESSE CHRÉTIENNE

APPROUVÉE

PAR Mᵍʳ L'ARCHEVÊQUE DE TOURS

—

3ᵉ SÉRIE IN-8°

La maîtresse de l'hôtel restait en haut du perron,
et son mari se tenait derrière elle. (P. 7.)

JEANNE
DE BELLEMARE

OU

L'ORPHELINE DE VERNEUIL

PAR

STÉPHANIE ORY

———

DIXIÈME ÉDITION

TOURS

ALFRED MAME ET FILS, ÉDITEURS

——

M DCCC LXXVII

JEANNE
DE BELLEMARE

PREMIÈRE PARTIE

CHAPITRE I

Vente du mobilier aux enchères, après décès et faillite. —
M. et Mme de Savigny.

Par une belle journée du mois de septembre 1835, une chaise de poste arrivant par la route de Dreux s'arrêtait devant l'hôtel du Grand-Alexandre, à Verneuil. Aux clics-clacs du postillon, deux servantes, le sourire aux lèvres, accoururent pour recevoir les voyageurs, tandis que la maîtresse de l'hôtel, pour ne pas déroger à sa dignité, restait au haut du perron, et que son mari, qui remplissait les fonctions de cuisinier, se tenait derrière elle, entièrement caché par l'ampleur des vêtements de sa femme, et allongeait par-dessus son épaule sa tête coiffée du traditionnel bonnet de coton.

Deux personnes occupaient la voiture : une dame qui paraissait encore jeune, et un homme d'un certain âge qu'on pouvait prendre pour son père ou peut-être pour son mari. Ni l'un ni l'autre ne se montraient disposés à descendre, ou plutôt ils semblaient agiter cette question avec une certaine vivacité, surtout de la part de la dame. Le postillon, resté sur son cheval, attendait les ordres de ses voyageurs en sifflant, et en regardant d'un air narquois les deux servantes, l'hôte et l'hôtesse du Grand-Alexandre, qui tremblaient de voir cette proie leur échapper. Enfin le monsieur, s'étant penché en dehors de la portière de gauche, cria au postillon : « Conduisez-nous chez M. de Bellemare, le banquier.

— Connais pas, répondit le postillon, attendu qu'il n'y a pas longtemps que j'faisons ce relais ; mais c'est égal, not'bourgeois, on va s'informer, et l'on vous mènera rondement ousque vous allez. » Puis s'adressant aux servantes : « Ohé ! vous autres, dit-il, indiquez-moi donc ousque demeure M. le banquier Bonnemare.

— Bellemare, rectifia le voyageur.

— Bellemare, soit, not'bourgeois. Mais répondez donc, vous autres, au lieu de vous regarder d'un air étonné comme si l'on vous parlait hébreu. »

Le fait est que les servantes, en entendant la demande du postillon, au lieu de lui répondre, avaient paru éprouver la plus vive surprise ; elles ne répondirent pas davantage à sa nouvelle injonction, et se tournèrent du côté de leur maîtresse, comme pour lui demander conseil.

Celle-ci, qui avait tout entendu, comprit qu'il y avait quelque quiproquo, et, franchissant les marches de son perron avec une légèreté qu'on n'eût pas attendue de son énorme embonpoint, elle s'approcha de la portière de droite, du côté de la dame, et, prenant son air le plus gracieux, elle lui dit : « Probablement que le postillon aura mal entendu les ordres de Madame. C'est sans doute à la vente du mobilier de M. de Bellemare que Madame veut aller ; mais ce n'est pas dans son ancien domicile qu'elle a lieu. D'ailleurs elle est suspendue dans ce moment ; car il n'y a que deux vacations par jour : la première est terminée, et la seconde ne recommencera qu'à trois heures. Ainsi, il n'est qu'une heure, et Madame a encore deux heures à attendre. Si pendant ce temps-là elle veut venir se reposer à l'hôtel...

— Mais de quelle vente me parlez-vous, ma bonne femme ? » interrompit la dame, qui avait écouté d'un air distrait ce que venait de lui débiter l'hôtesse avec une volubilité étourdissante.

« Mais, continua l'hôtesse sur le même ton, je parle de la vente du mobilier de M. de Bellemare le banquier, dont le postillon demandait tout à l'heure le domicile, pour y conduire Madame. C'est un mobilier magnifique ; beaucoup de bourgeois de Breteuil, de Dreux et même d'Évreux sont venus pour en acheter quelques portions ; plusieurs de ces amateurs sont logés chez moi, et en entendant Madame demander la maison de M. de Bellemare, j'ai pensé qu'elle était venue dans les mêmes intentions.

1*

— Comment ! M. de Bellemare vend son mobilier ?
s'écria l'étrangère d'un air stupéfait.

— Non, Madame, il ne le vend pas ; c'est la justice qui
le fait vendre.

— La justice ! fit la dame avec un redoublement de
surprise ; mais ce n'est pas possible ; il y a sans doute
ici quelque méprise, et la personne dont la justice fait
vendre le mobilier ne peut être M. de Bellemare, le riche
banquier dont je demande l'adresse.

— Ma foi, Madame, je ne connais pas d'autre M. de
Bellemare à Verneuil ; et d'ailleurs, pour mieux vous
renseigner, je vais vous montrer l'affiche imprimée de
la vente ; alors vous pourrez juger par vous-même si
c'est bien la même personne. » En disant ces mots elle
tira de sa poche un placard plié en plusieurs doubles,
l'ouvrit et le remit à l'étrangère. Celle-ci y jeta rapidement un coup d'œil, et, le passant à son compagnon
de voyage, elle dit en poussant un profond soupir :
« Cela n'est que trop vrai !... Lisez, Monsieur, et dites-
moi si nous pouvions nous attendre à un pareil événement. »

Le monsieur ainsi interpellé mit ses lunettes, et lut
à haute voix ces mots de sinistre augure écrits en gros
caractères en tête du placard : DE PAR LE ROI, LA LOI
ET JUSTICE. Puis venait le texte de l'affiche annonçant
en style de pratique qu'*en vertu d'un jugement en référé
rendu à la requête de M...., syndic de la faillite du sieur
Charles-Jules-Edmond de Bellemare, ci-devant banquier
et propriétaire à Verneuil, département de l'Eure, arrondissement d'Évreux, il sera procédé le 20 septembre pro-*

chain et jours suivants, s'il y a lieu, à la vente publique aux enchères des meubles et effets mobiliers ayant appartenu audit sieur de Bellemare, consistant... Suivait le détail sommaire du mobilier, que déjà l'étranger commençait à lire, quand sa compagne l'interrompit : « Eh bien ! allez-vous me lire tout ce fatras ? c'est bien de cela qu'il s'agit ; voyons, maintenant qu'allons-nous faire ?

— Si vous n'aviez pas tant de répugnance à descendre dans une auberge, j'en reviendrais à ma proposition de tout à l'heure et nous nous arrêterions ici, au moins quelques instants, et jusqu'à ce que nous ayons réfléchi sur le parti que nous avons à prendre.

— Il le faut bien, dit la dame avec un soupir de résignation, puisque nous ne pouvons faire autrement. » En même temps elle fit signe à l'hôtesse, qui pendant ce colloque s'était tenue à distance par discrétion, de s'approcher, et elle lui demanda si elle avait un appartement convenable pour elle et son mari.

— Je ne crains pas, répondit la digne femme en se rengorgeant avec fierté, que Madame puisse trouver quelque chose de mieux dans aucun autre hôtel de Verneuil ni même du département ; d'ailleurs si Madame veut prendre la peine de visiter l'appartement que je lui destine, elle pourra en un clin d'œil en juger par elle-même. » Et en même temps elle ouvrait la portière et présentait la main à la dame, qu'elle voyait se disposer à descendre.

Celle-ci, avant de suivre l'hôtesse, se retourna du côté de son mari, qui déjà parlait de faire remiser la voiture, et lui dit : « Ne vous pressez pas tant, monsieur de Savigny ; attendez au moins que j'aie vu si le logement nous convient.

— Comme il vous plaira, Madame ; vous savez que je suis toujours à vos ordres, » répondit humblement le docile mari.

Puisque nous savons les noms de nos deux voyageurs, comme ils jouent un rôle important dans notre récit, nous p. fiterons, pour faire plus ample connaissance avec eux, du temps que Mme de Savigny met à examiner les chambres de l'hôtel du Grand-Alexandre.

M. de Savigny avait cinquante-cinq ans ; c'était un petit vieillard aux formes grêles, d'apparence chétive et délicate, jouissant toutefois d'une bonne santé, grâce à sa sobriété et à la régularité de son régime. Sa physionomie, quoique un peu souffreteuse par suite de l'état maladif de son enfance et de sa première jeunesse, ne manquait ni d'intelligence ni d'une certaine finesse ; son front, large et élevé, annonçait un penseur, et ses yeux gris, habituellement ternes et sans éclat, s'animaient dans certaines circonstances, par exemple aux récits d'actions nobles et héroïques, ou se mouillaient de larmes compatissantes en entendant raconter ou en voyant les souffrances d'autrui. Car, hâtons-nous de le constater, malgré quelques petits travers, quelques légers défauts, M. de Savigny était doué de qualités précieuses et surtout d'un cœur excellent ; mais reconnaissons en même temps que trop souvent la faiblesse de son caractère apporta un obstacle à l'expansion de ses bons sentiments.

M. de Savigny appartenait à une honorable et ancienne famille bourgeoise d'Orléans qui, après s'être enrichie dans le commerce, était entrée dans la magistrature, et avait fini par recevoir des lettres de noblesse en achetant pour un de ses membres ce qu'on appelait alors une *savonnette à vilain*, c'est-à-dire une charge de secrétaire du roi. Remarquons en passant que cette prétendue charge n'était qu'un titre sans fonctions.

Cette famille avait un nom qui déclarait peut-être une bien humble origine : c'était celui de Porcher (1). L'aïeul de M. de Savigny dont il est ici question y ajouta le nom de Savigny, parce qu'il possédait un fort beau domaine sur le territoire de ce village, et se fit appeler Porcher de Savigny. Son fils, qui avait fait un brillant mariage, supprima le premier de ces noms, comme trop roturier, et pendant l'émigration il le remplaça par un titre de vicomte, qu'il prit de son chef, dirent les uns, qu'il reçut du monarque exilé comme lui, dirent les autres : fait historique qui n'a jamais été bien éclairci, et qui du reste nous intéresse fort peu. Pendant que le fils se parait de nouveaux titres à l'étranger, son vieux père était resté en France, et, revenant prudemment à son ancien nom, se faisait appeler le citoyen Porcher tout court et se gardait bien de montrer le moindre parchemin héraldique. Grâce à ces précautions et aux soins qu'il prit de vivre dans la retraite, il conserva intacte toute sa fortune,

---

(1) Porcher, comme on sait, signifie gardeur de porcs.

et il eut la consolation, quelques jours avant de mourir, de la transmettre telle à son fils le vicomte, à son
retour de l'émigration. Celui-ci n'en jouit pas longtemps ; car il mourut dans l'année qui suivit sa rentrée
en France.

Des trois fils qu'il avait emmenés avec lui en Angleterre, un seul, le plus jeune, lui était resté ; et encore sa constitution délicate semblait-elle ne présa-
ger à cet enfant qu'une existence précaire. Nous disons
enfant ; car, quoiqu'il eût près de vingt-cinq ans à la
mort de son père, il paraissait à peine en avoir quinze,
et de plus il avait toute la naïveté, toute la faiblesse de
caractère d'un enfant. Mais si l'on parvenait à gagner sa
confiance et à écarter ce voile de timidité qui enve-
loppait son esprit, alors on était étonné de l'étendue et
de la variété des connaissances qui distinguaient cet être
si frêle ; on admirait avec surprise la profondeur et la
sûreté de son jugement, la sagacité de ses vues, la finesse
de ses observations.

Versé dans l'étude des langues anciennes, les auteurs
latins et grecs lui étaient familiers, et de plus il parlait l'anglais et l'allemand avec autant de facilité que le
français ; mais ce qui était en lui plus surprenant encore
que de parler la langue de ces peuples, c'était de connaître leur histoire, leurs mœurs, leurs usages ; de les
comparer avec les nôtres, et de tirer de ces comparaisons
des réflexions pleines de justesse, souvent entremêlées
de saillies spirituelles.

Ajoutons qu'il était une étude qu'il semblait avoir
approfondie encore plus que les autres : c'était celle

de la religion. Son père l'avait d'abord destiné à l'état ecclésiastique, comme cadet de famille, et avait dirigé ses études vers ce but. Le jeune homme s'y était livré avec ardeur, et quand, après la mort de ses frères, son père lui signifia qu'il devait suivre une autre carrière, tout en obéissant avec sa docilité ordinaire, il n'en continua pas moins ses études théologiques dans le but unique de s'instruire plus à fond dans sa religion : « Car, disait-il, tout homme raisonnable doit être en état de rendre compte de sa foi, comme de mourir pour elle. » Le résultat de ces études fut de le convaincre tellement des vérités de la religion catholique, que rien n'eût été capable de le faire dévier de la ligne orthodoxe, et que ce caractère, si faible sur tout le reste, était sous ce rapport d'une force et d'une fermeté inébranlables.

Quant aux actes ordinaires de la vie, il était tellement habitué à suivre une impulsion étrangère, que si par hasard il se trouvait obligé de prendre l'initiative en quelque chose, il était troublé, indécis, et perdait facilement la tête.

Après la mort de son père, le jeune de Savigny alla habiter Paris avec une tante maternelle, Mme d'Azincourt, qui prit soin de ce grand enfant, son plus proche héritier, comme de son propre fils. Les soins intelligents qu'elle lui prodigua fortifièrent sa santé, en même temps que les sociétés dans lesquelles elle l'introduisit lui donnèrent un peu l'usage du monde, sans néanmoins détruire sa timidité originelle, qui passait souvent, aux yeux de ceux qui ne le connaissaient pas ou des personnes superficielles, pour de la gaucherie et même de la stupidité.

- Cependant plusieurs habitués de la société de Mme d'Azincourt avaient su apprécier les qualités de son neveu, entre autres M. Charles de Bellemare, qui était alors attaché en qualité d'écuyer à la maison du comte d'Artois. Quoique beaucoup plus jeune que M. de Savigny, M. de Bellemare avait beaucoup plus d'expérience, et surtout l'assurance que donne l'usage du monde. Il avait promptement reconnu l'étendue et la variété des connaissances de M. de Savigny, et il se plaisait à le faire briller avec une adresse et une intelligence qui charmaient Mme d'Azincourt. Bientôt une étroite amitié s'était formée entre les deux jeunes gens malgré la différence d'âge et de caractère. Chaque jour, M. de Bellemare apprenait à mieux apprécier son ami, et il aurait voulu le lancer sur un plus grand théâtre, où, selon lui, il brillerait malgré sa modestie. Mais sous ce rapport M. de Savigny était loin d'être d'accord avec son ami. « Laissez-moi, je vous en supplie, lui disait-il, laissez-moi dans ma solitude, avec mes livres : surtout ne parlez pas de ces choses à ma tante ; si elle allait se mettre en tête de pareilles idées, elle voudrait peut-être me les voir mettre à exécution, et j'avoue que je ne me sens pas de force à résister à sa volonté. »

M. de Bellemare ne pouvait rien comprendre à tant d'abnégation ; cependant, pour ne pas contrarier son ami, il cessa de lui parler de ses projets.

Les mois, les années s'écoulèrent sans apporter

aucun changement à cette situation. Enfin Mme d'Azincourt, après une maladie qui avait mis sa vie dans le
plus grand danger, songea que si elle venait à mourir
son neveu serait isolé sur la terre. Et que deviendrait,
disait-elle naïvement, ce pauvre enfant livré à lui-
même? N'oublions pas que le pauvre enfant avait alors
quarante-quatre ans accomplis.

Après avoir mûrement réfléchi, elle conclut que le
meilleur moyen de le préserver de cet isolement redou-
table était de le marier.

La difficulté était de lui trouver une femme convenable : nous disons de lui trouver, car ce n'était pas
lui qui eût été capable de la chercher. La bonne tante
résolut de se charger elle-même de cette recherche,
et, après de minutieuses investigations, elle crut avoir
rencontré ce qu'il fallait à son neveu. C'était une demoiselle de vingt-cinq ans, élevée dans un couvent dont la
supérieure était l'amie intime de Mme d'Azincourt, et qui
lui avait donné sur le compte de cette jeune personne
tous les renseignements désirables.

« Elle appartient, lui avait-elle dit, à une très-
bonne famille de marchands de la rue Saint-Denis;
mais ils sont beaucoup d'enfants; le père a fait des
pertes considérables dans son commerce : de sorte
qu'il ne peut donner à ses filles qu'une dot très-
minime.

— Je ne tiens pas à la fortune, avait répondu la
tante, mon neveu en aura assez pour deux. Je ne tiens
pas non plus à la naissance; puisqu'elle appartient à
d'honnêtes parents, cela suffit : mais je tiens essentiel-

lement aux qualités de l'esprit et du cœur et aux principes religieux.

— Sous ce rapport, reprit la supérieure, je crois
qu'elle laisse peu de chose à désirer. Elle est d'une
piété exemplaire, et même parfois si fervente, que
son directeur et nous, nous avons été obligés de la
modérer. Elle a fait en entier son éducation dans notre
maison, et elle a été une de nos plus brillantes élèves.
Ses classes terminées, elle s'était tellement attachée à
nous, qu'elle ne voulait plus nous quitter, et qu'elle
a demandé à entrer dans la communauté et à se faire
religieuse. Son directeur, qui la connaissait mieux
qu'elle ne se connaissait elle-même, lui fit à ce sujet
de sages observations; elle persista dans sa résolution.
Nous l'admîmes au noviciat; mais au bout de six mois
elle reconnut elle-même que la vie religieuse n'était
pas sa vocation. Elle se vit donc obligée de renoncer à
ce projet; dès lors elle est restée libre à la maison
comme pensionnaire. Seulement, comme son père ne
pourrait pas payer sa pension, elle la paie elle-même, et
largement, au moyen de services importants qu'elle
nous rend. Ainsi elle aide nos mères à tenir les classes
des élèves pensionnaires, elle donne des leçons de
musique, et enfin elle est d'un grand secours à notre
mère économe pour la tenue de ses livres, et pour la
régularité et l'ordre à apporter dans les recettes et les
dépenses, car je dois mentionner l'esprit d'ordre parmi
ses principales qualités.

— C'en est une essentielle, observa Mme d'Azincourt, et surtout indispensable à la personne qui épou-

serait mon neveu; car le pauvre garçon, quoique fort
instruit, serait incapable de veiller à ses affaires, et
encore moins de diriger sa maison. Depuis vingt ans
que nous sommes ensemble, c'est moi qui suis obligée
de régler ses comptes avec ses hommes d'affaires, de
passer les baux avec ses fermiers, de toucher ses
revenus, etc., et je vous avoue que mon âge ne me
permet plus guère de m'occuper d'une pareille besogne; sans compter que je crains à chaque instant
de commettre quelques erreurs préjudiciables à ses
intérêts. Aussi j'aimerais mieux lui voir épouser une
femme entièrement privée de fortune, mais rangée et
économe, qu'une femme riche aimant le luxe et la dépense, et ne sachant pas compter avec elle-même.
La première sera en état de conserver et peut-être
d'augmenter sa fortune, tandis que l'autre pourrait fort
bien dissiper ce qu'elle possède et ce que possède son
mari.

— Vous avez raison, Madame, et je crois que sous
ce rapport encore, la personne dont je parle pourrait
parfaitement convenir; mais, dans une affaire aussi
délicate, ma conscience m'oblige de ne rien vous cacher, et, après vous avoir parlé des qualités de cette
personne, je dois vous faire connaître ses défauts,
d'autant plus que ce sont là les causes qui seules l'ont
empêchée de prendre le voile. Elle n'a pas assez d'humilité ni de soumission; elle est même parfois impé-
rieuse, et il faut que tout cède à sa volonté. On par-
vient à lui faire entendre raison, mais difficilement et
seulement en lui parlant au nom de ses devoirs et de la

religion. Malheureusement elle est trop prompte à se décider, elle ne réfléchit pas assez mûrement au parti qu'elle doit prendre, et une fois qu'elle a fixé sa résolution, elle s'y attache avec une ténacité trop souvent voisine de l'entêtement. »

On voit que, malgré ses précautions oratoires et l'adoucissement que la bonne religieuse apportait dans la peinture de certains traits, cette partie du portrait de sa protégée n'était pas flattée. Mais Mme d'Azincourt n'en parut ni surprise ni contrariée ; et elle répondit en souriant : « Je conçois, ma bonne mère, que l'obéissance étant un des vœux essentiels pour entrer en religion, une personne qui manque de soumission, et dont le caractère est quelquefois impérieux, ne puisse être admise à prendre le voile ; je conçois encore que les défauts que vous m'avez signalés aient dans le mariage de graves inconvénients avec tout autre homme que mon neveu ; mais je regarde ces défauts dans la personne destinée à devenir sa femme comme des conditions favorables. En effet, mon neveu manque précisément de décision et de volonté : eh bien, sa femme en aura pour lui ; elle, de son côté, manque de réflexion et de jugement : mon neveu, au contraire, est un homme très-réfléchi et d'un jugement sûr. Ainsi chacun d'eux apportera dans la communauté des qualités dont l'autre est privé ; ils réaliseront en quelque sorte la fable de l'*Aveugle et le Paralytique* : le mari pensera pour la femme, la femme agira pour le mari. »

Madame la supérieure n'avait pas d'objection à faire.

Mme d'Azincourt, après plusieurs entrevues avec la jeune personne, la trouva tout à fait à son gré, en parla à son neveu, n'eut pas pas de peine à le décider, et peu de temps après on célébrait à Saint-Thomas-d'Aquin le mariage de M. le vicomte Edmond de Savigny avec Mlle Louise-Marie-Thérèse Vannier, fille majeure, sans profession.

CHAPITRE II

Le gentilhomme ordinaire de la chambre du roi Charles X.

Le croirait-on? c'était Mlle Louise Vannier, la fille du marchand bonnetier de la rue Saint-Denis, qui avait exigé que M. de Savigny reprît le titre de vicomte qu'avait porté son père, titre dont il n'avait jamais eu jusque-là la pensée de se parer; mais Mlle Vannier y tenait : elle voulait épouser un vicomte et être appelée vicomtesse : c'était sa condition *sine qua non*. Et il fallut en passer par là.

On voit, comme l'avait dit la mère supérieure, que l'humilité n'était pas une de ses vertus.

Six mois après le mariage de son ami, M. de Belle-mare épousait Mlle de Grosbois, jeune personne élevée dans le même couvent que Mme de Savigny. C'était, on peut le dire, celle-ci qui avait en quelque sorte fait ce mariage. Mlle Émilie de Grosbois était orpheline quand elle avait été placée au couvent. C'était une enfant d'un caractère doux et docile, d'un cœur aimant et sympathique, et quoiqu'il y eût entre elle et Mlle Vannier une grande différence d'âge, de goûts et de caractère, il s'était formé entre elles une de ces liaisons que les contrastes rendent souvent plus intimes.

Après le double mariage, les deux nouveaux ménages devinrent naturellement unis comme s'ils n'eussent formé qu'une seule famille, malgré les changements assez notables que leur nouvel état avait apportés dans la manière d'être et dans les habitudes de chacun de nos quatre personnages. Ce changement était moins marqué chez M. de Bellemare que chez les trois autres; homme du monde et de bon ton, il avait su se plier sans contrainte aux exigences de sa nouvelle position. Quant à sa femme, c'était encore une jeune pensionnaire, vive, rieuse, folâtre, heureuse d'être sortie de cette prison qu'on appelle le couvent, de n'être plus astreinte aux exercices réguliers du pensionnat, et goûtant avec ivresse le bonheur d'être libre.

Mme de Savigny, au contraire, ne ressemblait en rien à elle-même. C'est quelque chose d'incroyable que la facilité avec laquelle elle avait pris le ton, les manières, la distinction même d'une femme de qualité. Hier encore elle ne s'avançait que les yeux baissés, ayant dans sa démarche quelque chose qui sentait le cloître; aujourd'hui elle relevait les yeux et la tête sans arrogance, sans effronterie, mais avec dignité. Sa physionomie, naturellement sérieuse, était devenue grave; elle imposait à tous ceux qui l'approchaient, excepté cependant à Mme de Bellemare, qui avait conservé avec elle la familiarité à laquelle elle était habituée dès l'enfance. Elle seule avait le privilége de jouer avec elle, de la lutiner, de la faire sourire; car Mme de Savigny ne riait jamais.

Mais de tout son entourage, celui à qui la nouvelle

vicomtesse imposait le plus, c'était son mari. Le pauvre homme tremblait de déplaire à sa femme, et celle-ci, d'un mot, d'un geste, d'un regard, faisait de lui tout ce qu'elle voulait. Et pourtant, par une sorte de contradiction plus apparente que réelle, elle avait la plus haute idée de la capacité, de l'instruction, des talents et de toutes les qualités de son mari ; elle en était fière, et elle ne parlait jamais de lui qu'avec respect ; seulement il lui arrivait parfois de dire : « L'étude et la réflexion qui l'ont rendu si savant, si judicieux, si sage, ont émoussé la vivacité de son esprit, et l'ont rendu pesant et embarrassé dans la conversation, et timide dans la société. » Elle s'appliqua pendant les premiers temps de son mariage à le corriger de ces défauts. Elle ne réussit pas entièrement ; mais elle parvint à lui donner un peu plus d'assurance devant les étrangers, assurance qu'il perdait souvent en sa présence.

Ce léger changement, et surtout l'empire que Mme de Savigny avait pris sur son mari, n'avaient pas échappé à M. de Bellemare ; il crut l'occasion favorable pour revenir à l'idée qu'il avait eue déjà autrefois, de faire sortir son ami de l'obscurité dans laquelle il s'obstinait à vivre, et de le lancer sur un théâtre convenable à sa naissance et à son mérite. Il se garda bien cette fois d'en parler à M. de Savigny : il fit part de son projet à Madame, qui l'accueillit avec empressement, je dirai avec enthousiasme.

Jamais les circonstances ne pouvaient se présenter plus favorables ; on était au commencement d'un nouveau règne et d'une nouvelle année (1825). Le roi Charles X devait se faire sacrer au printemps, et avant cette époque il y aurait de grands changements dans les divers services de sa maison. Rien de plus facile, avec un peu de persévérance, que d'entrer dans un des cinq services réservés aux laïques (1). M. de Bellemare venait d'obtenir de l'avancement ; il avait été nommé écuyer ordinaire du roi, et il avait de belles protections, qu'il emploierait au besoin pour son ami.

Après être convenus entre eux de leurs faits, Mme de Savigny et M. de Bellemare sondèrent d'abord le terrain et firent les premières démarches, toujours à l'insu de M. de Savigny. Les choses machèrent à leur gré, et quand il n'y eut plus, pour ainsi dire, que le dernier coup à frapper, Mme de Savigny raconta tout à son mari, et le détermina, non sans quelque résistance, à faire deux ou trois visites indispensables, où il ne pouvait être remplacé par personne. Il se soumit ; mais jamais, a-t-il bien souvent répété depuis, démarche ne lui avait tant coûté.

Bref, dans les premiers jours de mai 1825, il reçut sa nomination de *gentilhomme ordinaire de la chambre du roi*, avec ordre de se rendre à Reims pour commencer son service à l'époque du sacre, fixé au 29 mai.

(1) Il y avait dans la maison civile du roi six services : le premier, la grande aumônerie, qui était entièrement réservée aux ecclésiastiques ; les cinq autres : du grand maître de France, du grand chambellan, du grand écuyer, du grand veneur, et du grand maître des cérémonies, étaient dévolus aux laïques.

Ce fut avec un calme parfait, voisin de l'indifférence et de la froideur, que M. de Savigny décacheta le pli officiel renfermant son brevet, tandis que sa femme, sortant cette fois des bornes de sa gravité ordinaire, ne put retenir une exclamation de joie accompagnée d'un cri retentissant de Vive le roi !

Nous n'avons pas besoin d'ajouter qu'elle témoigna la plus vive reconnaissance à M. de Bellemare pour la part qu'il avait prise à cette nomination, et qu'elle redoubla envers sa jeune femme de marques d'amitié et de tendresse.

Avec la nouvelle dignité que venait de recevoir son mari se développèrent rapidement les germes de vanité qu'elle portait déjà dans le cœur. — Gentilhomme ordinaire de la chambre du roi ! — Mais ce titre donnait droit aux entrées à la cour, mais il fallait une tenue de maison en rapport avec d'aussi honorables fonctions.

Son activité sut bientôt pourvoir à tout. En peu de jours sa maison fut montée sur un pied convenable ; laquais à grandes livrées, équipages armoriés, rien ne manqua ; et, constatons-le à sa louange, elle sut apporter à ses dépenses extraordinaires un esprit d'ordre tel que les revenus de son mari y suffirent largement.

Introduits par M. de Bellemare dans la société aristocratique du faubourg Saint-Germain, M. le vicomte et Mme la vicomtesse de Savigny y reçurent un accueil des plus flatteurs, dû tout à la fois au mérite réel du mari, à son nom, à sa position à la cour, et à la parfaite tenue de la femme, dont le ton et les manières

avaient quelque chose de si distingué, que nul n'eût
soupçonné son humble origine.

Plusieurs années se passèrent dans cette brillante
situation. Il est vrai que M. de Savigny était loin d'en
être ébloui, et que souvent il regrettait le temps qu'il
consacrait paisiblement et dans la retraite à ses livres
et à ses études favorites. Mais il en était tout autrement de Mᵐᵉ de Savigny; l'éclat du monde, des gran-
deurs et des dignités exerçait sur elle une fascination
irrésistible. L'atmosphère enivrante des salons de la
haute société lui avait tourné la tête. Déjà elle rêvait
pour son mari quelque nouvelle distinction, quelque
emploi plus relevé que celui de simple gentilhomme
de la chambre. Déjà, grâce aux connaissances haut
placées qu'elle avait su se ménager, ses rêves commen-
çaient à devenir des espérances. Il était question
d'une certaine place de secrétaire d'ambassade qui
eût singulièrement flatté la vanité de Madame. — Et
pourquoi, se disait-elle, ne deviendrait-il pas am-
bassadeur? Certes, il en a les talents et la capacité.
— En attendant, il lui prit fantaisie de hausser au
moins d'un cran le titre de noblesse de son mari, et
de lui faire obtenir d'une manière officielle le titre de
comte en place de celui de vicomte, dont l'origine
pouvait être sujette à contestation. C'était chose facile
avec les protections dont elle était entourée. Tout
marcha cette fois encore à souhait. Déjà l'ordonnance
qui conférait à M. le vicomte de Savigny le titre de
comte avait passé au conseil; il ne manquait plus que
certaines formalités de chancellerie pour en avoir l'ex-

pédition authentique ; déjà certaine du succès, dont elle avait été informée officieusement, la nouvelle comtesse avait fait peindre sur les panneaux de sa voiture la couronne à neuf perles, quand tout à coup éclata comme un coup de tonnerre la révolution de juillet 1830.

Il fallut dire non-seulement adieu aux rêves et aux espérances de distinctions à venir, mais encore renoncer à l'emploi qu'elle trouvait trop modeste la veille : que dis-je ? il fallut renoncer à cette brillante société qui avait tant de charmes pour elle, et aller s'enfermer, loin de Paris, dans le domaine que son mari possédait à Savigny ; car Paris n'offrait guère de sécurité à tout ce qui avait été attaché à la cour de Charles X. Les personnes de sa connaissance avaient également quitté la capitale ; quelques-unes même étaient allées s'établir à l'étranger ; M. et Mᵐᵉ de Bellemare s'étaient retirés en Normandie, à Verneuil, où ils possédaient quelques propriétés.

M. de Savigny accepta, je ne dirai pas seulement avec résignation, mais presque avec joie, la perte de sa brillante position et la chute de tant d'espérances si flatteuses pour la vanité de sa femme, mais qui n'étaient pour lui qu'un fardeau ennuyeux et pénible. « D'ailleurs, » disait-il à celle-ci qui paraissait inconsolable et qui reprochait à son mari son indifférence pour le malheur qui les avait frappés, « ce malheur, comme vous voulez l'appeler, peut-il être comparé à celui qui accable l'auguste famille de nos rois ? Quand je vois un vieillard hier assis sur le premier trône du monde reprendre aujourd'hui pour la troisième fois la route de l'exil; quand je vois avec lui son fils et cette noble princesse, la fille du roi-martyr, l'orpheline du Temple, dont la vie tout entière n'a été qu'une suite d'amères douleurs; quand je vois enfin au milieu d'eux cet enfant que nous appelions naguère l'enfant du miracle, orphelin avant sa naissance, et forcé à l'âge de dix ans d'abandonner le palais de ses aïeux pour aller mendier un asile sur la terre étrangère, j'avoue que je n'ai pas la force de me plaindre, et que je réserve ma sympathie et mes larmes pour des infortunes qui en sont réellement dignes. »

Mme de Savigny avait trop de bon sens, elle était trop sincèrement attachée à la famille royale pour ne pas être frappée de la justesse de ces réflexions; aussi n'y répondait-elle qu'en soupirant et en déplorant avec les sentiments de la plus vive compassion les malheurs de cette famille; ce qui ne l'empêchait pas au fond de regretter amèrement la perte de sa position et de ses illusions plus brillantes encore.

Enfin une visite qu'elle reçut peu de temps après son arrivée à Savigny rendit un peu de calme à son âme troublée par les déceptions de la vanité. C'était son frère aîné, ecclésiastique attaché à l'archevêché de Paris, et qui, forcé aussi de s'éloigner par suite de la révolution, était venu chercher momentanément un asile auprès de son beau-frère et de sa sœur.

L'abbé Vannier avait quinze ans de plus qu'elle. Il était l'aîné de la nombreuse famille dont Mme de Savigny était le dernier enfant. C'est lui qui avait placé sa jeune sœur dans le couvent où elle avait été élevée, et qui avait veillé à son éducation. Depuis la mort de leur père, arrivée peu de temps après le mariage de Mme de Savigny, il avait reporté toute sa sollicitude sur les autres membres de la famille, qui en avaient plus besoin que Louise, maintenant devenue riche et titrée. Il allait rarement la voir, surtout depuis qu'elle s'était lancée dans le grand monde, parce qu'il était loin d'approuver les idées qu'elle s'était mises en tête, et qu'elle n'écoutait pas les remontrances parfois sévères qu'il lui adressait à ce sujet. Cependant Mme de Savigny aimait beaucoup son frère; elle avait même pour lui un respect filial : elle écoutait ses avis avec déférence, sans jamais le contredire; mais elle n'en agissait pas moins à sa tête. — Bah ! se disait-elle, mon cher frère ne connaît pas le monde ni ses exigences; ses conseils seraient excellents si j'étais encore la pensionnaire libre du couvent de S***; mais je suis aujourd'hui la vicomtesse de Savigny, mon mari est gentilhomme de la chambre du roi, et cette position sociale impose des obligations et des devoirs auxquels il n'est pas permis de se soustraire.

L'abbé Vannier avait mieux compris que sa sœur ne le croyait tout ce qui se passait dans son âme. Il l'avait vue avec douleur se laisser entraîner par les chimères de l'ambition et de la vanité; mais il avait compris aussi que tant que cette ivresse durerait, ses paroles ne seraient pas écoutées. Il avait donc résolu d'attendre que quelques-unes de ces circonstances imprévues comme il s'en rencontre si souvent dans le monde où elle vivait,

et surtout dans la carrière des ambitieux, vinssent la dés-
enchanter, pour qu'il lui fût possible d'achever de lui
ouvrir les yeux et de la rappeler à elle-même. Il était
loin de prévoir la catastrophe qui venait d'engloutir tout
à la fois tant d'espérances légitimes et qui paraissaient si
bien fondées, en même temps que celles qui n'avaient
pour base que l'amour-propre et les satisfactions de
l'intérêt ou de la vanité. Mais plus le coup avait été inat-
tendu et terrible, plus il espérait en tirer d'utiles leçons ;
et c'est effectivement ce qu'il fit avec succès. — Déjà
Mme de Savigny avait été ébranlée par les simples réflexions de son mari ; mais le langage de la religion,
qu'elle avait toujours écouté avec respect, et que son
frère lui fit entendre avec l'autorité du prêtre tem-
pérée par la douceur de l'amitié fraternelle, finit par
dissiper ses dernières illusions et lui faire comprendre
toute l'instabilité et l'inanité de ce qu'on appelle gran-
deur, fortune, dignités. Elle renonça dès lors à tous
ses rêves d'ambition, à ces hochets de la vanité qui
l'avaient tant préoccupée depuis son mariage, et elle
ne songea plus qu'à remercier Dieu des biens qu'il lui
avait accordés, et qui déjà dépassaient de beaucoup ce
qu'elle aurait dû attendre dans l'humble condition où
elle était née.

Une lettre qu'elle reçut vers la même époque de sa
chère Émilie (Mme de Bellemare) fut pour elle un grand
sujet de consolation ; car au moment de la révolution
chacun avait fui de son côté sans avoir le temps de
prévenir ses connaissances du lieu de sa retraite, et
depuis plus de six mois qu'ils étaient séparés, Mme de

Savigny avait ignoré ce qu'étaient devenus ses amis si dévoués.

Après avoir raconté à son amie par quel hasard elle était parvenue à découvrir sa nouvelle adresse, Mme de Bellemare lui annonçait qu'elle venait d'être mère d'une charmante petite fille, à laquelle elle allait consacrer tous ses soins; elle la nourrissait elle-même, et elle espérait que le bon Dieu lui ferait la grâce de la lui conserver, pour la dédommager des deux petits anges qu'il lui avait ôtés pour les rappeler à lui (Mme de Bellemare avait eu deux enfants avant celle-ci, et ils étaient morts en nourrice; aussi avait-elle résolu, si Dieu lui en envoyait d'autres, de les nourrir elle-même). Elle ajoutait que sa fille était née le jour de la fête de saint Jean l'Évangéliste, et qu'elle lui avait donné le nom de Jeanne, en la plaçant sous la protection du disciple bien-aimé.

Après avoir consacré plus de la moitié de sa lettre à parler de son enfant, et surtout à la recommander aux prières de son amie, elle donnait quelques détails sur sa nouvelle position et les occupations de son mari. Ayant vu son avenir brisé par la révolution de Juillet, et ne voulant pas se rallier au nouveau gouvernement, il s'était décidé, pour ne pas rester oisif, à fonder avec un de ses amis une maison de banque à Verneuil, et à entrer dans quelques grandes opérations industrielles et commerciales. D'ailleurs la fortune personnelle de M. de Bellemare n'était pas très-considérable, et la perte du traitement attaché à l'emploi qu'il remplissait à la cour avait fait une brèche considérable dans ses revenus. Ainsi ce n'était pas seulement pour se créer une occupation, mais aussi pour rétablir l'équilibre de son budget, qu'il s'était décidé à entrer dans les affaires. — « Entrer dans les af- « faires, continuait-elle en plaisantant, ne voilà-t-il pas « un bel emploi, me dira-t-on, pour un écuyer ordi- « naire de S. M. Charles X! Mais que voulez-vous, « ma bonne Louise, nous sommes en temps de révolu- « tion; la noblesse exerce maintenant toute sorte de « métiers sans déroger, et quand la royauté se fait bour- « geoise, un simple gentilhomme peut bien se faire « banquier. »

Elle terminait sa lettre en exprimant à son amie le vif désir qu'elle avait de la revoir. « Si je n'étais retenue, « disait-elle, par les exigences parfois tyranniques de « mon cher nourrisson, je serais allée moi-même vous « rendre visite, malgré la rigueur de la saison (on était « à la fin de janvier 1831); mais vous qui n'avez pas « charge d'enfants, vous dont le mari est maintenant « libre de toute occupation qui l'oblige à résidence, ne « viendrez-vous pas nous voir, non pas à présent, je « ne suis pas exigeante, mais quand la belle saison sera « de retour, quand nos beaux pommiers normands se- « ront en fleur, et que nos prairies du bord de l'Avre et « de l'Iton se seront couvertes de leurs brillants tapis d'é- « meraude? Car ne vous imaginez pas, parce que vous « habitez votre riche et splendide vallée de la Loire, « qu'il n'y a pas d'autres pays dotés aussi d'un genre de « mérite et de beauté qui n'est pas à dédaigner, et je « puis vous affirmer que notre petite ville de Verneuil « et ses environs sont de ce nombre. Dans tous les cas, « si vous n'y trouvez pas autant d'attraits qu'à vos

« campagnes de l'Orléanais, vous serez toujours sûre
« d'y rencontrer des cœurs qui vous aiment de l'amitié
« la plus sincère et la plus dévouée. »

Mme de Savigny s'empressa de répondre à son amie
une longue lettre dont nous nous dispenserons de faire
l'analyse; nous dirons seulement qu'elle acceptait avec
joie son invitation si gracieuse et si aimable; que son
mari et elle se faisaient une véritable fête d'entreprendre
le voyage de Verneuil, mais qu'ils ne pouvaient encore
en fixer l'époque.

La correspondance, à partir de ce moment, se suivit
assez régulièrement entre les deux amies. Mme de Bellemare répétait souvent son invitation, et rappelait à son
amie la promesse que celle-ci lui avait faite d'y répondre.
Mais toujours quelque obstacle imprévu était venu s'opposer à la réalisation d'un projet vivement désiré de part
et d'autre. — Tantôt c'était *l'horizon politique qui se
rembrunissait,* comme disaient les journaux (il se rembrunissait souvent dans les premières années du règne
de Louis-Philippe); M. et Mme de Savigny ne se sou-
ciaient pas d'être en voyage pendant l'explosion de
quelque nouvelle tempête révolutionnaire. Tantôt c'était
le choléra, qui, il est vrai, avait respecté Savigny, et
même, affirmait-on, Verneuil, mais qui exerçait ses
ravages dans la plupart des villes et des villages qu'il
faudrait traverser pour s'y rendre. Enfin d'obstacle en
obstacle on arriva jusqu'au commencement de l'année
1835, sans qu'il eût été possible d'accomplir un voyage
prémédité depuis plus de quatre ans. Aux mois de mai
et de juin de cette année, Mme de Bellemare réitéra,

comme d'habitude, son invitation, en ajoutant que cette fois elle n'apercevait aucun nuage à l'horizon politique, ni le moindre symptôme de choléra, ni enfin aucun empêchement de la nature de ceux qui s'étaient jusqu'ici opposés à leur réunion; si elle n'avait pas lieu cette fois, elle ne pourrait en attribuer la cause qu'à des habitudes casanières que l'on contracte facilement quand on reste trop longtemps enfoui dans une campagne; car elle repoussait comme une mauvaise pensée l'idée d'attribuer cette cause à l'indifférence ou au refroidissement de leur amitié.

Mme de Savigny lui répondit que bien certainement son mari et elle feraient cette année le voyage de Verneuil; qu'elle ne lui écrirait même plus, et que si Mme de Bellemare leur adressait encore des lettres, ils iraient eux-mêmes porter la réponse. Seulement elle ne pouvait préciser le jour; mais comme elle était toujours sûre d'être bien reçue, elle voulait tomber chez ses amis comme une bombe.

A compter de ce moment, la correspondance cessa, et quand au mois de septembre suivant tout fut prêt pour le voyage, M. de Savigny était d'avis que sa femme prévînt Mme de Bellemare; mais elle ne le voulut pas, disant qu'elle tenait à faire une surprise à son amie, et qu'elle l'avait suffisamment prévenue en lui annonçant qu'elle arriverait chez elle tout à fait à l'improviste.

Ils partirent donc sans s'être fait annoncer.

Quand la voiture arriva dans la ville de Verneuil et s'arrêta devant l'hôtel du Grand-Alexandre, M. de Savigny aurait désiré qu'on descendît quelques instants

dans cette auberge pour changer au moins leur toilette
de voyage, et même remiser la voiture; car il était possible que M. de Bellemare n'eût pas un emplacement suffisant, et que celà lui occasionnât de la gêne; enfin, selon
lui, il eût été plus convenable de se faire annoncer. Mais
Mᵐᵉ de Savigny ne voulut entendre à rien. Allaient-ils
donc chez des étrangers avec lesquels il fallût faire des
cérémonies? Est-ce qu'ils n'étaient pas attendus à toute
heure, à toute minute? Changer leur toilette, ce serait
montrer trop peu d'empressement; n'auraient-ils pas
tout le temps d'en changer dans l'appartement qu'on
leur donnerait chez leur ami? D'ailleurs elle était hor-
riblement fatiguée des auberges depuis qu'ils étaient en
voyage, et la seule idée d'y rentrer, ne fût-ce que pour
un instant, quand ils étaient arrivés au terme de leur
voyage, lui soulevait le cœur.

Telle était la discussion qu'ils avaient eue dans la
voiture, et dont nous avons parlé au commencement
de notre premier chapitre. Nous avons vu que, quoiqu'elle se fût terminée au gré de Mᵐᵉ de Savigny, une
circonstance extraordinaire et bien inattendue l'avait
forcée d'entrer dans cet hôtel qui lui inspirait tant de
répugnance. Il faut maintenant que nous allions l'y retrouver.

CHAPITRE III

Le curé de Verneuil. — Son récit.

M. de Savigny attendait depuis quelques instants que sa femme lui eût fait savoir si le logement lui convenait, et s'il fallait faire ou non remiser la voiture, quand l'hôtesse, accourant tout effarée, lui cria du seuil de sa porte : « Venez, Monsieur, venez vite auprès de Madame; je crois qu'elle se trouve mal. » Puis, s'adressant à ses servantes et au postillon, qui venait de dételer ses chevaux et s'apprêtait à repartir : « Vous autres, leur dit-elle, remisez la voiture; il n'y a pas de danger qu'ils aillent ailleurs, ajouta-t-elle tout bas; François vous aidera, et viendra boire un coup ensuite. — Merci, madame Paturel, cria François, boire un coup ça ne se refuse pas. »

M. de Savigny, tout troublé, tout tremblant, avait peine à suivre l'alerte Mme Paturel, qui franchissait quatre à quatre les marches du grand escalier conduisant à un assez joli appartement du premier. Tout en montant avec plus de lenteur que sa conductrice, la main appuyé sur la rampe, il se disait en lui-même :

—Ma femme se trouver mal, avoir une faiblesse, une
défaillance! Mais elle n'est pas sujette à ces affections,
et elle n'en a jamais ressenti depuis que je la connais :
il faut qu'il y ait quelque chose d'extraordinaire.

En entrant dans le petit salon, M. de Savigny aperçut sa femme assise ou plutôt étendue sur un canapé,
pâle, abattue, et tenant son mouchoir sur ses yeux.

« Eh! qu'avez-vous donc, chère amie? lui dit-il en
s'approchant avec anxiété.

— Ah! Monsieur, quel malheur! répondit-elle en
étouffant ses sanglots.

—Mon Dieu! qu'est-il donc arrivé? reprit-il avec une
sorte de stupeur.

— Mme de Bellemare, Émilie, ma meilleure amie,
morte! » Et après cette exclamation elle donna un libre
cours à ses larmes et à ses sanglots.

« Morte! » s'écria M. de Savigny en se tournant du
côté de Mme Paturel, qu'il semblait interroger du regard,
se doutant bien que c'était elle qui avait appris à sa
femme la fatale nouvelle.

« Oui, Monsieur, » répondit-elle à ce regard inter-
rogateur, et sans attendre une interpellation plus di-
recte. « Madame m'a demandé en entrant ici ce qu'é-
taient devenus M. et Mme de Bellemare; je lui ai répondu ce que tout le monde sait dans le pays, que
Monsieur est parti il y a trois mois, après avoir déposé
son bilan, en abandonnant sa femme et son enfant, qui
est une charmante petite fille de quatre à cinq ans;
que la pauvre petite femme, laissée dans la misère, est
morte de chagrin il y a tout au plus quinze jours; à

preuve qu'on l'a enterrée le jour de la Nativité de Notre-Dame, le 8 de ce mois, et nous ne sommes aujourd'hui que le 20.

— Et son enfant, demanda M. de Savigny, qu'est-elle devenue?

— M. le curé de la Madeleine l'a placée aux orphelines.

— Et l'on ne sait pas où est allé le père?

— On dit comme ça qu'il est passé en pays étranger en emportant je ne sais pas combien de centaines de mille francs dont il fait tort à ses créanciers, tandis qu'il a laissé mourir sa femme de misère et réduit son enfant à la mendicité.

— Quelle abomination! quelle infamie! » s'écria Mme de Savigny en se levant par un mouvement d'indignation qu'elle ne put contenir; puis, avec une énergie qu'on eût été loin de soupçonner de la part d'une femme qui semblait tout à l'heure près de tomber en défaillance, elle continua d'un ton de voix élevé et avec une animation croissante : « Aurait-on jamais soupçonné pareille chose de la part d'un homme que nous avions toujours regardé comme plein d'honneur et de loyauté, comme un modèle parfait de tendresse conjugale! Qu'en dites-vous maintenant, Monsieur, de votre ami? A qui se fier désormais, dites-le-moi? »

En voyant l'exaltation de sa femme, M. de Savigny eut la prudence de commencer, au lieu de lui répondre, par éloigner l'hôtesse en la chargeant de divers ordres insignifiants et en lui enjoignant de ne revenir ou de n'envoyer une de ses bonnes que quand on l'appellerait.

Quand ils furent seuls, M. de Savigny fit rasseoir sa femme sur le canapé, et, se plaçant à côté d'elle, il lui dit avec douceur : « Calmez-vous, ma chère amie, et attendez, avant de porter un jugement définitif sur la conduite de M. de Bellemare, d'avoir des renseignements plus positifs et plus sérieux que ceux que vous venez d'entendre. Cette femme, ainsi que vous avez pu le remarquer, est naturellement portée à bavarder, à *cancanner*, passez-moi l'expression, comme la plupart de ses pareilles. Elle se fait l'écho des mille rumeurs et des caquetages de toute nature qui ne manquent pas de circuler dans une ville à la suite d'un événement de ce genre. On connaît la valeur de ces bruits trop souvent répandus par la malveillance, exagérés par les personnes lésées, recueillis avec avidité par les oisifs, par les curieux et surtout par une foule ignorante et grossière appartenant aux classes les plus infimes, et qui ne demande pas mieux que de trouver en défaut des hommes élevés au-dessus d'elle par la naissance, l'éducation, la fortune et la considération dont ils ont joui jusque-là. Pour nous, Madame, qui pendant si longtemps nous sommes honorés de l'amitié de M. de Bellemare, gardons-nous d'accueillir avec trop de légèreté les infâmes accusations que nous venons d'entendre formuler si lestement contre lui. Avant de lui retirer notre estime, il est de notre devoir de nous éclairer sur son compte de manière qu'il ne puisse rester aucun doute dans notre esprit.

— Je ne demande pas mieux, répondit en soupirant Mme de Savigny, que de le trouver innocent ; mais comment expliquer la mort si prompte de cette pauvre femme, encore si jeune, si gaie, si aimante? Comment expliquer l'abandon de cette enfant, qu'on est obligé de mettre aux orphelines?

— Je ne saurais pour le moment vous donner ces explications, puisque je ne sais sur tout cela que ce que vous savez vous-même, c'est-à-dire ce que nous avons entendu de la bouche de cette femme. Pour moi, qui connais M. de Bellemare depuis trente ans, qui sais tout ce qu'il y a en lui de bons et généreux sentiments, de qualités éminentes du cœur et de l'esprit, le tout appuyé sur les bases solides de la religion, je crois que je douterais plutôt de moi-même que d'un tel homme. Non, à moins que le contraire ne me soit prouvé d'une manière authentique et convaincante, comme une démonstration mathématique, jamais je ne croirai que M. de Bellemare ait de gaieté de cœur abandonné sa femme et son enfant, avec les circonstances infâmes que cette femme nous débitait tout à l'heure.

— Mon Dieu, reprit Mme de Savigny d'un ton plus calme, je ne demande pas mieux, comme je l'ai dit, que d'être convaincue de son innocence, et l'idée de la dégradation morale de cet homme, que j'ai porté si haut dans mon estime, me répugne et me pèse autant qu'à vous ; mais comment connaître la vérité? à qui nous adresser pour avoir ces renseignements authentiques, ces preuves évidentes dont vous parlez? nous ne connaissons personne ici, et nous y sommes complétement inconnus.

— C'est vrai, répondit son mari après quelques instants de réflexion, nous ne connaissons personne à Verneuil ; mais il est une indication que dans son bavardage l'hôtesse nous a fournie sans s'en douter, indication au moyen de laquelle nous arriverons sans doute à obtenir tous les renseignements que nous pourrions désirer sur le sort de nos malheureux amis. Elle nous a dit que M. le curé de la Madeleine a placé leur enfant aux orphelines ; il est probable qu'il a connu la mère, qui était sa paroissienne et peut-être sa pénitente ; il est probable aussi qu'il connaît mieux que personne toute la vérité sur la catastrophe qui a frappé cette famille. Je vais aller le trouver, je lui expliquerai les rapports que nous avons eus depuis de nombreuses années avec les époux de Bellemare, et je suis persuadé qu'il n'hésitera pas à nous donner tous les éclaircissements que nous cherchons, surtout si ces éclaircissements tendent à détruire les calomnies qui pèsent sur le malheureux Bellemare ; dans le cas contraire, la charité lui imposera silence, et ce silence m'en dira plus que je n'en voudrais savoir.

— Vous avez raison, Monsieur, et je suis entièrement de votre avis ; seulement je veux aller avec vous chez M. le curé ; j'ai hâte de savoir des détails sur ce qui concerne ma pauvre Émilie. »

Toujours prompte à exécuter une résolution qu'elle avait une fois adoptée, Mme de Savigny voulait partir à l'instant même. Son mari eut beaucoup de peine à lui faire entendre qu'elle avait besoin de prendre quelque nourriture, et surtout qu'il était convenable de changer de toilette avant de se présenter chez une personne honorable dont ils n'étaient pas connus. Cette dernière considération la décida aussitôt.

M. de Savigny, qui malgré ses cinquante-cinq ans et sa nature délicate était doué d'un vigoureux appétit, se fit servir à déjeuner pendant que Madame, aidée d'une des bonnes, procédait à un changement de toilette. Elle ne prit pour tout rafraîchissement qu'une tasse de lait sucré, dans lequel elle trempa quelques mouillettes de pain; puis on partit pour la cure.

Arrivés au presbytère, ils furent introduits dans une espèce de petit salon ou plutôt de parloir, où on les invita à se reposer pendant qu'on irait prévenir M. le curé.

Après quelques minutes d'attente, le vénérable prêtre, vieillard de près de quatre-vingts ans, mais encore frais et bien conservé, entra, et, s'avançant gracieusement à leur rencontre, il leur dit : « J'avoue, Madame et Monsieur, qu'en entendant prononcer votre nom, mon premier mouvement a été la surprise ; mais, après un instant de réflexion, j'ai reconnu que je devais m'attendre à votre visite, même après la lettre que je vous ai envoyée. »

En entendant ces paroles, M. et Mme de Savigny se regardèrent d'un air étonné, pensant peut-être que son grand âge faisait radoter le bon curé. Enfin M. de Savigny lui dit avec une sorte d'embarras : « Pardon, monsieur le curé, mais je crains qu'il n'y ait ici quelque méprise; vous nous parlez comme si vous nous connaissiez, et c'est la première fois que nous avons l'hon-

neur de vous voir ; puis vous dites nous avoir écrit, et
jamais nous n'avons reçu de lettre de vous.

— Mais n'êtes-vous pas, vous, Monsieur, le vicomte
de Savigny, ancien gentilhomme de la chambre du roi
Charles X ? et vous, Madame, n'avez-vous pas été élevée au couvent de... à Paris, où vous avez connu
Mlle Émilie de Grosbois, mariée à M. de Bellemare, attaché
aussi à la maison du roi ?

— Ah ! monsieur le curé, s'écria douloureusement
Mme de Savigny, oui, je vois que vous nous connaissez,
et c'est cette pauvre Émilie qui vous a parlé de nous.

— Oui, Madame, elle m'a parlé de vous bien souvent ;
elle se faisait même une grande fête, quand elle vous
recevrait à Verneuil, de me faire faire plus ample connaissance avec vous : et moi aussi, Madame, je le désirais
bien vivement, d'après tout le bien qu'elle m'avait dit de
vous et de monsieur votre mari ; mais les malheureux
événements qui sont survenus me paraissaient de nature
à éloigner probablement pour toujours ce rapprochement, surtout après la lettre qu'elle vous avait écrite
avant sa mort : lettre qu'elle n'a même pu achever, et
qu'elle m'a chargé de vous faire parvenir. Telle a été la
cause de mon étonnement quand on est venu m'annoncer
votre visite. Cependant...

— Mais, monsieur le curé, interrompit Mme de Savigny, nous n'avons pas reçu la lettre dont vous parlez. A
quelle époque l'avez-vous mise à la poste ?

— Le jour même de la mort de cette chère dame, le 7
de ce mois.

— Alors il n'est pas étonnant qu'elle ne nous soit

pas parvenue ; car nous sommes partis le 5, et, au
lieu de nous rendre directement ici, nous sommes allés
d'abord à Paris, où nous avons séjourné jusqu'au 17.
Mais, monsieur le curé, si vous vous rappelez le con-
tenu de cette lettre veuillez, je vous prie, me le faire
connaître, au moins en partie ; car je suis bien impatiente
de savoir ce que me disait cette chère amie dans de si
tristes circonstances.

— Elle me l'a fait lire plusieurs fois devant elle, et,
n'ayant plus la force d'écrire, elle m'en a dicté plusieurs
phrases qui sont même restées inachevées... Après sa
mort j'ai repris la plume en mon nom, pour vous
donner quelques détails édifiants sur les derniers moments de cette sainte femme, et sur la malheureuse
catastrophe qui était venue fondre si inopinément sur
cette honnête famille. Je puis donc vous redire, sinon
les expressions mêmes, au moins le sens de cette lettre ;
elle commence à peu près ainsi : « La dernière fois
« que je vous ai écrit, j'étais heureuse autant qu'il est
« donné à une créature humaine de l'être sur la terre ;
« mon mari était toujours pour moi tel que vous l'avez
« connu, tendre, empressé, prévenant ; une char-
« mante enfant, gaie, joyeuse, et d'une santé flo-
« rissante, croissait entre nous, et resserrait notre
« affection mutuelle ; la fortune semblait nous sou-
« rire, et mon mari, dont je ne connaissais pas, il
« est vrai, les affaires, me répétait souvent que jamais
« il n'avait été plus heureux dans ses spéculations, et
« qu'un jour notre fille serait la plus riche héritière de
« Verneuil, et peut-être de tout le département de

« l'Eure. Il ne manquait plus à ma félicité que de vous
« voir, de vous embrasser ; et ce bonheur j'allais bien-
« tôt le goûter, puisque votre dernière lettre m'an-
« nonçait que votre voyage était irrévocablement ar-
« rêté pour cette année. Mais voilà que tout à coup le
« vent de l'adversité est venu souffler sur cette fortune
« si brillante et que je croyais si solide, et l'a dissipée
« comme une fumée, comme une vapeur fantastique.
« Nous sommes ruinés, ma chère amie, ruinés de fond
« en comble, et celle que son père se plaisait à nommer
« la riche héritière de Verneuil sera peut-être ré-
« duite à la mendicité... » Voilà à peu près, ajouta
le curé, tout ce qu'elle avait écrit de sa propre main,
quelques jours seulement après la catastrophe, c'est-
à-dire vers le commencement du mois de juillet ; puis
une foule de démarches et de voyages qu'elle fut obligée de faire la forcèrent de la suspendre, et ce n'est
que vers la fin d'août, au retour d'un voyage qu'elle
venait de faire à Évreux pour assister à je ne sais
quelle assemblée de créanciers, qu'elle retrouva cette
lettre, et qu'elle entreprit de l'achever. Mais déjà elle
était atteinte de cette maladie dont elle est morte, et
sa main faible et tremblante ne pouvait plus écrire ;
c'est alors qu'elle me pria de lui servir de secrétaire,
et qu'elle me dicta quelques phrases que j'écrivis à la
suite de celles que je viens de vous citer. Voici, autant
que je puis me le rappeler, ce qu'elle vous disait...
« Après vous avoir si souvent engagés depuis tant d'an-
« nées à venir nous voir, aujourd'hui je me vois forcée
« de vous prier de suspendre cette visite, que j'ai si

« longtemps et si vivement désirée. Au milieu des cha-
« grins et des ennuis de toute espèce dont je suis acca-
« blée, ce n'est pas le moindre, croyez-le bien, que
« d'être obligée de renoncer au bonheur de vous voir
« et de vous embrasser. C'est encore un de ces sacri-
« fices que je mets au pied de la croix, espérant qu'il
« m'en sera tenu compte. — Je voudrais vous raconter
« l'histoire de nos malheurs, mais je n'en ai ni le temps
« ni la force ; car, vous le voyez, je suis obligée d'em-
« ployer une main étrangère pour vous tracer ces
« lignes... Je voudrais surtout m'entretenir avec vous
« de deux choses qui me tiennent au cœur : la première
« est de justifier mon mari des accusations dont il est
« l'objet et qui retentiront peut-être jusqu'à vous... »
Ici, dit le curé, elle voulut essayer de me dicter une
espèce de mémoire justificatif de la conduite de son
mari ; mais cette entreprise était au-dessus de ses forces.
Je lui fis observer qu'il était inutile de se fatiguer, que
je connaissais tous les détails de cette affaire aussi bien
qu'elle-même (j'aurais pu ajouter : mieux qu'elle-
même), et que je me chargerais de vous en instruire en
continuant moi-même la lettre qu'elle avait commencé
à me dicter, et en lui soumettant préalablement tout ce
que je vous aurais écrit. Hélas ! je n'ai pas même pu
accomplir cette dernière promesse : la pauvre femme est
morte avant que j'eusse terminé la lettre, ainsi que je
vous le dis et que vous le verrez quand elle vous sera
remise. »

Le récit du curé de Verneuil avait vivement ému
ses visiteurs, et il se fit un instant de silence après

qu'il eut cessé de parler. M. de Savigny le rompit le premier.

« Monsieur le curé, dit-il, vous avez sans doute, dans la fin de cette lettre, justifié, comme le désirait sa femme, M. de Bellemare des accusations infâmes que j'ai entendu aujourd'hui même porter contre lui. Auriez-vous la bonté de nous répéter ce que vous nous avez écrit à ce sujet, et que nous ne verrons qu'à notre retour chez nous ?

— Je ferai mieux, répondit le digne curé ; car ce que je vous ai écrit est très-succinct, et ce que je puis vous dire de vive voix sera plus étendu et plus explicite.

« Je commencerai par vous déclarer que les accusations dont vous parlez, et que j'ai entendu souvent répéter, sont des calomnies.

— Ah ! monsieur le curé, s'écria M. de Savigny avec un soupir de soulagement, que ces paroles dans votre bouche me font de bien ? Non que j'aie douté un instant de mon ami ; mais je n'étais pas en mesure de répondre à ceux qui l'auraient calomnié devant moi, et maintenant je pourrai leur opposer un témoignage irrécusable.

— Je conçois, Monsieur, reprit le curé, combien on est heureux, quand on a donné son estime et son amitié à un homme, d'apprendre que dans une affaire aussi déplorable que celle de M. de Bellemare, il n'y a eu de sa part ni inconduite ni mauvaise foi, et que, loin d'avoir cherché à soustraire quelque partie de son actif pour en frustrer ses créanciers, il est parti sans

emporter un centime de ce qui leur appartenait légitimement. Voilà des faits dont la preuve a été établie de la
manière la plus claire et la plus positive par les enquêtes
judiciaires qui ont eu lieu, et par l'examen de ses livres
et de ses correspondances; ce qui n'empêche pas les calomnies d'aller leur train.

— Mais comment se fait-il, observa M. de Savigny,
puisqu'il n'était pas coupable d'action frauduleuse et
qu'il lui était si facile de se justifier, qu'il ait pris la fuite
et abandonné le champ libre à l'accusation?

— Ou au moins, ajouta Mme de Savigny, pourquoi
n'a-t-il pas emmené sa femme et son enfant avec lui?

— Je vais répondre à vos deux questions, tout en
reprenant les choses d'un peu haut et en vous faisant
connaître les causes qui ont amené la ruine de M. de
Bellemare.

« Quoiqu'on ne puisse accuser M. de Bellemare ni
d'inconduite, ni de mauvaise foi, ni de fraude, on ne
saurait dire cependant qu'il soit exempt de tout reproche dans la gestion de ses affaires : il en est trois
surtout que j'ai entendu articuler par des personnes
sérieuses, et ces reproches, malheureusement trop
fondés, ont une certaine gravité. Le premier est d'a-
voir formé une entreprise de banque et de commerce
assez considérable sans avoir préalablement acquis les
connaissances nécessaires à l'exercice de cette profession; de là il a été fréquemment entraîné à commettre
des bévues, à faire des écoles très-dispendieuses, et
à acheter ainsi fort cher l'expérience qui lui manquait.
Le second, qui est en partie une conséquence du pre-

mier, est d'avoir souvent manqué de prudence dans
la direction de ses opérations, dont quelques-unes
sont devenues ruineuses pour avoir été mal combinées.
Le troisième reproche est d'avoir donné trop souvent
et trop légèrement sa confiance à des hommes qui ne
la méritaient pas et qui en ont indignement abusé.
C'était, me dira-t-on, la preuve de la franchise et de
la loyauté de son caractère, qui était porté à juger les
autres d'après lui-même; ce reproche ne saurait donc
lui attirer un blâme sévère. Non, sans doute, s'il s'a-
gissait de relations ordinaires et d'intérêts privés; mais
quand on est dépositaire de la fortune des autres, on ne
doit l'engager qu'à bon escient, et ne se fier qu'aux
hommes dont on est aussi sûr que de soi-même. Malheureusement c'est ce que ne faisait pas toujours M. de
Bellemare, et c'est ce qui a précipité la catastrophe;
voici comment :

« Une des principales opérations auxquelles il se
livrait était l'achat de chevaux pour les gros marchands de Paris. Les fonctions d'écuyer qu'il avait rem-
plies longtemps dans les écuries du roi lui avaient
donné une aptitude réelle pour ce genre d'acquisition; elles l'avaient mis en rapport avec la plupart des
marchands de chevaux de la capitale et avec les premiers éleveurs de Normandie. Personne mieux que
lui ne savait juger les qualités d'un cheval et en déterminer la valeur, ce qui ne l'empêcha pas d'être
trompé souvent par nos maquignons normands. Mais
les pertes les plus cruelles qu'il eut à essuyer vinrent
de plusieurs marchands de Paris avec lesquels, après

maintes opérations très-lucratives, il se trouva en
avance pour des sommes considérables. Tout à coup
deux ou trois de ces marchands avec lesquels il se trouvait le plus fortement engagé firent faillite; presque
en même temps deux maisons de commerce, l'une de
Pont-Audemer, l'autre de Laval, vinrent également à
manquer, et il éprouva dans ces diverses faillites des
pertes énormes, auxquelles il lui fut impossible de faire
face.

« Forcé lui-même de déposer son bilan, il fut frappé
d'une douleur violente, au point de lui faire presque
perdre la raison. En vain ses amis et ses conseils cher-
chèrent à le consoler, en lui répétant que son malheur
était de ceux qui excitent la compassion et non le mé-
pris des honnêtes gens; il ne pouvait se faire à l'idée que
son nom, le nom qu'il avait reçu intact de ses pères,
serait désormais souillé de la tache d'une faillite.

« Ce fut alors qu'il prit la résolution de quitter la
France et d'aller cacher sa honte à l'étranger, sans
doute avec le vague espoir d'y rétablir sa fortune, et
de revenir un jour dans sa patrie satisfaire tous ses anciens engagements et réhabiliter son nom. Il se trouvait
à Évreux, où il était venu déposer son bilan, quand il
forma ce projet, et il voulut le mettre immédiatement à
exécution, sans revenir à Verneuil, où il avait laissé sa
femme et son enfant, mais où il aurait eu honte de repa-
raître...

— Comment, Monsieur, interrompit Mme de Savigny,
il est parti sans voir sa femme, sans lui dire adieu! mais
c'est affreux cela!

— Il est parti effectivement sans voir sa femme, mais non sans lui dire adieu; seulement il l'a fait par une lettre, où il expliquait les motifs de son départ précipité et les causes qui l'empêchaient d'aller embrasser sa femme et son enfant. Cette lettre, dans laquelle il montre le plus vif attachement pour ces deux êtres si chers, dénote parfois le désordre de ses idées et l'exaltation de sa tête au moment où il l'écrivait. Je pourrais bien vous en citer de mémoire quelques fragments, car je l'ai lue plusieurs fois; mais je puis faire mieux encore; j'en ai ici une copie, que Mme de Bellemare m'a adressée pour me consulter dans une circonstance particulière dont je vous parlerai tout à l'heure, et je vais vous la communiquer. »

En disant ces mots, le curé sortit un instant, et rentra presque aussitôt avec une lettre, qu'il remit à Mme de Savigny; celle-ci la prit aussitôt et la lut à haute voix. Nous ne la reproduirons pas en entier, à cause de son étendue; mais nous en donnerons, dans le chapitre suivant, les passages les plus importants par rapport à notre histoire.

CHAPITRE IV

« De tous les tourments auxquels je suis en proie
« depuis quelques jours, disait M. de Bellemare à sa
« femme, le plus cruel est de me séparer de vous et
« de notre chère enfant, et de m'en éloigner pour un
« temps dónt je ne puis déterminer la durée. Je sais
« que je pouvais facilement obtenir ce qu'ils appellent
« dans leur langage un atermoiement ou un concor-
« dat, et qu'il m'eût été permis de rester libre, même
« de reprendre mes travaux, mais j'aurais toujours
« porté au front la tache de failli ; il m'eût semblé que
« tous les regards se seraient portés sur moi pour y
« lire cette marque déshonorante ; je n'aurais plus
« osé vous embrasser, ni vous ni ma petite Jeanne,
« crainte de laisser sur vos fronts si purs une em-
« preinte de la souillure qui couvre le mien... Si je
« vous avais vues avant mon départ, vous auriez peut-
« être fait tous vos efforts pour me retenir ; moi je
« n'aurais pu résister à vos instances, et il m'aurait
« fallu vivre de cette vie de honte dont l'idée seule
« me fait frissonner : ou bien vous auriez voulu me

« suivre; mais jamais je n'aurais eu la lâcheté de vous
« faire partager les vicissitudes et les hasards de mon
« exil... Si la fortune me sourit encore, si des temps
« plus heureux viennent à luire pour nous, je me hâ-
« terai de vous appeler auprès de moi, ou plutôt j'ac-
« courrai vous serrer dans mes bras, car alors je pourrai
« le faire sans rougir. »

Il lui parlait ensuite avec quelques détails de ses
projets pour l'avenir. Il allait se rendre à Londres chez
un ancien ami de sa famille auquel il avait rendu autrefois d'éminents services. Cet homme était aujourd'hui
une des sommités de la banque et du haut commerce de
la Cité, et il pourrait facilement, par son intermédiaire,
obtenir un emploi qui lui permettrait de réparer ses
malheurs.

« En attendant l'heureuse époque de notre réunion,
« j'ai du moins la satisfaction de vous savoir à l'abri
« du besoin; car j'ai eu soin, avant mon départ, de
« mettre vos intérêts à couvert. J'avais, comme vous
« le savez, et d'après votre consentement, employé
« les fonds de votre dot dans mes affaires; mais
« comme le montant de cette dot est constaté par
« notre contrat de mariage, qui a été publié, quand
« je suis entré dans le commerce, avec les formalités
« d'usage, il en résulte que vous toucherez intégra-
« lement cette somme, s'élevant à cent mille francs,
« laquelle sera prélevée, avant toute distribution,
« sur l'actif de la faillite. Vous placerez ces fonds,
« soit chez M. Bichet, votre notaire, soit en rentes
« sur l'État, et vous en toucherez un revenu suffisant,

« vous qui n'avez pas le goût de la dépense ni du
« luxe, pour vivre honorablement, vous et votre chère
« fille... »

— Mais alors, observa M. de Savigny après avoir
entendu ce passage, il ne l'a donc pas laissée dans la
misère, comme on le disait. Grâce à Dieu, voilà encore
une calomnie contre ce pauvre Bellemare complétement
détruite.

— Il serait plus juste de dire, reprit le curé, qu'il
ne croyait pas la laisser dans la misère; mais il comptait
sans l'extrême délicatesse et les scrupules de conscience
de sa femme.

— Comment! dit Mᵐᵉ de Savigny, est-ce qu'elle
n'a pas voulu profiter du privilége que lui accordait la
loi?

— Non, Madame : et voici le raisonnement que
dans son bon sens et dans sa conscience elle se faisait
à elle-même. « Il ne s'agit pas ici, disait-elle, de loi
ni de contrat de mariage, il s'agit de savoir si j'ai
engagé volontairement ma dot dans les entreprises de
mon mari, avec l'espoir d'en tirer un bénéfice, de la
doubler peut-être; et c'est ce que j'ai fait. J'ai donc
agi comme la plupart des autres personnes qui ont
placé des fonds chez lui; mais avec cette différence
que ceux-ci couraient également des chances de bénéfices et de pertes, tandis que moi je n'aurais profité
que des chances favorables sans m'exposer aux chances
contraires; je serais comme un joueur qui profiterait
de tous les gains d'une partie, et qui ne pourrait jamais perdre son enjeu. Cela peut-il être juste? cela

peut-il être loyal? Je ne le crois pas; quand toutes les
subtilités des avocats voudraient me prouver le contraire, je pourrais peut-être ne pas trouver dans mon
esprit les arguments pour leur répondre, mais assurément j'en trouverais un dans ma conscience qui me
crierait : Non, cela n'est ni juste ni loyal. » Et, comme
si elle faisait la chose du monde la plus simple, la
plus naturelle, elle a déclaré à la première assemblée
des créanciers qu'elle faisait entier abandon de ses re-
prises matrimoniales en faveur des créanciers de son
mari. Inutile de vous dire quel a été l'étonnement
de ces derniers; ils ne voulaient pas croire d'abord
qu'une pareille déclaration fût sérieuse; enfin force
leur fut de se rendre à l'évidence, quand ils la virent
accomplir toutes les formalités nécessaires pour un
pareil abandon. Alors la surprise a fait place à l'admiration; chacun a loué la noblesse de procédés et le
désintéressement de Mme de Bellemare. Quelques-uns
des gros créanciers, voulant à leur tour se montrer
généreux, proposèrent de ne pas recevoir l'abandon
total tel qu'elle le proposait, mais de placer sa créance
au rang des autres, afin qu'elle ne subît comme ces
dernières qu'une dépréciation proportionnelle et au
marc le franc. Mais Mme de Bellemare ne voulut pas
même que cette proposition fût discutée. « Ma créance,
dit-elle, ne ressemble à aucune des vôtres, Messieurs;
j'étais même plus que l'associée de mon mari, puisque
nous ne faisions qu'un aux yeux de la loi divine comme
devant la loi humaine. J'ai partagé les faveurs qu'il
a reçues de la fortune, je dois partager les disgrâces

qu'elle lui envoie. Il vous a fait l'abandon de tout ce qu'il possédait, sans aucune réserve ; je dois l'imiter, trop heureuse si ce sacrifice peut aider à diminuer la profondeur de notre déficit, et nous donner plus de facilité pour le combler bientôt tout à fait ! » Enfin, tout ce qu'on put lui faire accepter, ce fut le mobilier garnissant sa chambre à coucher, et quelques autres meubles de ménage.

— Ainsi la pauvre femme était donc réellement réduite à la misère, dit Mme de Savigny avec un profond soupir. Mais enfin, monsieur le curé, permettez-moi de vous le faire observer : cette loi qui a pour objet de préserver le bien des femmes de la mauvaise gestion de leurs maris n'est-elle pas au fond une loi salutaire, et par conséquent parfaitement juste ? et n'auriez-vous pas pu lui dire, puisqu'elle a dû vous consulter, qu'elle pouvait, à ce qu'il me semble, sans blesser sa conscience, user des bénéfices de cette loi ?

— Je conviens avec vous, Madame, que cette loi est salutaire, et qu'elle est, comme la plupart des lois humaines, fondée sur la raison et la justice ; mais combien d'abus se commettent trop souvent à l'abri de cette même loi ! Ne voyons-nous pas tous les jours des hommes qui, après avoir fait des faillites, je dirai même des banqueroutes scandaleuses, vivent dans l'opulence avec la fortune réelle et le plus souvent exagérée qu'ils ont reconnue à leur femme dans leur contrat ? N'est-ce pas là se servir de la loi comme d'un manteau pour commettre une injustice, disons le mot, un véritable vol ? et les femmes qui se prêtent à de

3*

telles machinations ne se rendent-elles pas complices
de ce vol? Je le sais, et je me hâte de le proclamer,
Mme de Bellemare n'était point dans ce cas, la dot
portée sur son contrat de mariage était bien légitimement à elle, et personne n'aurait pu la blâmer d'user
des avantages que la loi lui offrait pour la mettre à
l'abri; mais d'une part sa délicatesse s'est effrayée
d'être confondue avec les femmes dont je parlais tout
à l'heure, et, de l'autre, elle a cru, par les raisons
que je vous ai dites, sa conscience engagée à agir
comme elle l'a fait. Si elle m'eût consulté comme
homme, peut-être lui aurais-je conseillé de tâcher de
ménager davantage ses intérêts et ceux de son enfant;
mais en me consultant comme prêtre (je ne dis pas
comme confesseur, car dans ce cas je ne me souvien-
drais de rien), je n'ai pu que chercher à éclairer sa
conscience; mais je n'ai pas dû lui conseiller d'agir
contre elle.

— Ainsi la pauvre femme se trouvait sans ressources?
Et comment comptait-elle faire pour vivre?

— Elle comptait sur son travail pour subvenir à ses
besoins et à ceux de son enfant; et cette perspective,
loin de l'effrayer, semblait lui sourire agréablement et
relever son courage et sa confiance en Dieu. Du reste,
le travail ne lui aurait pas manqué; elle avait beaucoup de talent, et les dames bénédictines, qui tiennent
dans notre ville un pensionnat renommé, l'avaient
déjà choisie pour donner des leçons de musique et de
dessin à leurs élèves, et de plus elles s'étaient engagées
à prendre chez elles sa petite fille quand elle serait en

âge d'entrer en pension ; en outre, elle brodait d'une manière admirable, et ses ouvrages dans ce genre eussent été très-recherchés et très-bien payés.

— Mais son mari, demanda M. de Savigny, en a-t-elle eu des nouvelles depuis son départ pour l'Angleterre ? ne lui a-t-il fait passer aucun secours ? avait-il été bien reçu par son ami sur lequel il comptait pour rétablir sa fortune ?

— Hélas ! Monsieur, répondit tristement le curé, vos questions me rappellent le souvenir du plus profond chagrin auquel j'aie vu Mme de Bellemare en proie. Pendant près d'un mois depuis le départ de son mari, elle attendait chaque jour de ses nouvelles avec une anxiété sans cesse croissante. Enfin elle reçoit une lettre dans laquelle son mari lui annonce qu'après une traversée pénible du Havre à Londres, il est arrivé malade dans cette dernière ville, et qu'il a été obligé de garder le lit jusqu'au moment où il lui écrit : il n'a donc pu faire encore aucune démarche pour trouver la personne qu'il était venu chercher ; mais maintenant sa santé est parfaitement rétablie ; il va commencer immédiatement ses recherches, et sous peu de jours il lui en fera connaître le résultat. Huit jours après, nouvelle lettre. Son ami n'est pas en Angleterre : il est allé à Calcutta pour des affaires importantes relatives à la compagnie des Indes, dont il est un des directeurs. « Cette nouvelle, ajoutait M. de « Bellemare, m'a jeté dans la consternation ; une sorte « de fatalité semble donc attachée désormais à tous « mes rêves, à toutes mes espérances, à toutes mes

« entreprises! Que devenir maintenant, seul au mi-
« lieu de cette ville immense, trois ou quatre fois grande
« comme Paris, où je suis étranger, et où je ne ren-
« contre même pas une figure de connaissance! Je
« compris alors pour la première fois qu'il est des
« situations où la vie devient un fardeau tout à fait
« au-dessus de nos forces, si la religion ne nous aide
« pas à le supporter; je compris alors parfaitement
« que ceux qui ne sont pas soutenus par elle cherchent
« dans une mort volontaire un refuge contre les maux
« qui nous accablent sans espoir de relâche. Vous
« l'avouerai-je? ces tristes pensées me préoccupèrent
« tellement, qu'un instant je me sentis faiblir, et que
« l'idée de m'affranchir d'une existence aussi insup-
« portable s'empara peu à peu de mon esprit, malgré
« les efforts que je faisais pour la repousser. J'avais
« beau la combattre par les raisonnements que la re-
« ligion nous enseigne, et surtout par votre souvenir
« et celui de mon enfant; cette fatale idée me pour-
« suivait toujours, et semblait s'attacher de plus en
« plus à mes pas pour me pousser à l'abîme. Tandis
« que j'errais au hasard dans les rues de cette vaste
« cité, toujours harcelé par les mêmes tentations, je
« me trouvai, je ne sais comment, à la porte d'une
« chapelle catholique. J'y entrai, je puis dire presque
« machinalement, et je m'agenouillai à l'autel de la
« Sainte-Vierge. Les pensées qui me préoccupaient
« un instant auparavant avaient tout à coup disparu.
« Je me sentis disposé à prier, et je priai avec ferveur.
« Je ne sais pas combien de temps je suis resté dans

« cette église ; mais j'en suis sorti tout autre que je n'y
« étais entré. Mon cœur était soulagé, et il me semblait
« qu'une voix intérieure me répétait sans cesse : Courage !
« espérance !

« Je marchais depuis quelque temps sans but déter-
« miné et sans savoir où j'étais, quand je m'aperçus
« tout d'un coup que j'étais dans la Cité, entre Saint-
« Paul et la Tour de Londres, où les gros commerçants
« de cette ville tiennent leurs comptoirs, tandis qu'ils
« ont tous leurs maisons d'habitation dans les beaux
« quartiers dé West-End, ou dans les environs de
« la ville. Il me vint à l'idée d'aller dans l'établis-
« sement de M. Walston (vous savez que c'est le
« nom de l'ami que j'étais venu chercher à Londres) ;
« le matin je m'étais présenté à son domicile dans Pic-
« cadilly, et le domestique qui m'avait appris son
« départ pour les Indes m'avait engagé à parler à son
« associé, que je trouverais à son bureau dans la
« Cité, croyant sans doute que je venais pour traiter
« quelque affaire de banque ou de commerce. Comme
« je ne connaissais pas même le nom de l'associé de
« M. Walston, et que c'était ce dernier seul que je dé-
« sirais voir, je fis à peine attention à ce que m'avait
« dit le domestique, et je sortis le désespoir dans l'âme,
« ainsi que je viens de vous le raconter. Mais, me
« trouvant dans le voisinage du bureau de la maison
« *Walston and Cº,* il me prit fantaisie d'y entrer, ne
« fût-ce que pour avoir des renseignements plus po-
« sitifs sur le voyage du chef de cette maison et sur
« la durée de son séjour aux Indes. J'avais oublié l'a-

« dresse que m'avait donnée son domestique ; mais la
« première personne que je rencontrai dans Fleet-Street
« m'indiqua la maison.

« L'associé de M. Walston, à qui j'avais fait re-
« mettre ma carte, au lieu de me recevoir avec cette
« politesse froide et réservée ordinaire aux Anglais,
« vint à moi le sourire aux lèvres, en me demandant
« en très-bon français si j'étais M. de Bellemare de
« Verneuil en France. Je répondis affirmativement,
« et en rougissant. En ce cas, dit-il en me tendant la
« main qu'il serra cordialement, soyez le bienvenu
« dans la maison de M. Walston, et, quoiqu'il soit en
« ce moment absent pour un petit voyage de quelques
« milliers de lieues, regardez-moi comme son repré-
« sentant, son *alter ego,* et veuillez accepter chez moi
« l'hospitalité qu'il aurait eu tant de bonheur à vous
« offrir lui-même s'il eût été ici.

« Cet accueil cordial me toucha au delà de toute
« expression, et excita ma confiance. Je répondis à
« M. Barclay (c'est le nom de l'associé de M. Walston)
« que j'acceptais son invitation, mais à une condition,
« c'est que j'aurais auparavant avec lui un entretien
« confidentiel. « Eh bien ! me répondit-il, pour que
« nous soyons parfaitement libres, venez dîner avec
« moi à mon club ; d'ici là j'aurai terminé les affaires
« qui me retiennent à mon bureau ; nous passerons la
« soirée ensemble, et nous causerons sans crainte d'être
« dérangés par personne. »

« Je n'eus garde, comme vous le pensez bien, de
« manquer à cette gracieuse invitation. Comme je

« témoignais à M. Barclay mon étonnement de la ré-
« ception qu'il me faisait; quoique je lui fusse com-
« plétement inconnu, et que je ne lui eusse jamais
« été présenté (formalité indispensable pour être reçu
« avec une certaine intimité par les Anglais) : « Oh !
« me répondit-il, il y a bien des années que je vous
« connais ; M. Walston ne m'a pas laissé ignorer les
« rapports qu'il a eus avec vous autrefois, et toute la
« reconnaissance qu'il devait à monsieur votre père
« et à vous-même. Le nom de Bellemare est une lettre
« de crédit permanent et illimité sur la maison Wals-
« ton and C°, et vous êtes pour vous-même le meilleur
« introducteur auprès des représentants de cette mai-
« son. »

« De plus en plus encouragé par ces paroles, je me
« décidai à lui faire l'aveu sincère de ma situation et des
« motifs qui m'avaient fait venir à Londres.

« M. Barclay m'écouta avec la plus grande attention,
« et quand j'eus fini de parler, il réfléchit longtemps à
« ce que je lui avais dit.

« J'attendais avec anxiété sa réponse, comme un accusé
« attend la sentence du juge.

« Enfin, après un quart d'heure de méditation, re-
« levant la tête, qu'il avait tenue jusque-là appuyée
« sur sa main droite, il me dit : « Monsieur de Belle-
« mare, votre situation est grave ; mais elle n'est pas
« désespérée. Seulement, pour en sortir, il faut un de
« ces moyens énergiques et puissants, comme ces re-
« mèdes qu'on emploie dans certaines maladies dange-
« reuses, quand la constitution du malade le permet.

« Dans ces cas-là, les palliatifs, les demi-mesures ne
« pourraient produire qu'un effet désastreux. Dans
« votre embarras vous êtes venu vous adresser à
« M. Walston, votre ami ; il eût été touché de cette
« confiance et aurait fait tout son possible pour y
« répondre ; en son absence, je puis vous rendre les
« mêmes services qu'il vous eût rendus lui-même.
« Vous voulez lui demander un emploi, une position
« qui vous mette à même de remonter vos affaires
« honorablement. Mais il n'aurait pu vous procurer
« qu'un emploi subalterne, qui ne serait pas votre
« fait et vous offrirait trop peu d'avantages ; ou bien
« vous vous seriez mis à la tête de quelque entreprise,
« et il vous eût sans difficultés crédité de quelques
« milliers de livres sterling. Tout cela, je puis le faire
« comme lui ; mais ce ne sont encore que de ces pal-
« liatifs dont je parlais tout à l'heure. Dans un emploi
« subalterne, vous végèteriez pendant de longues an-
« nées avant d'atteindre la position à laquelle vous
« aspirez ; d'ailleurs ces sortes d'occupations ne con-
« viennent qu'à des débutants ou à des jeunes gens ;
« vous n'êtes plus d'un âge à vous mettre en sous-
« ordre, et à recommencer péniblement une longue
« carrière. Resterait une entreprise à former et que
« vous dirigeriez vous-même ; mais laquelle ? Dans ce
« pays, où tout le monde est commerçant, tous les
« débouchés sont encombrés et la concurrence est
« énorme. Puis, permettez-moi de vous le dire, un
« des premiers éléments de succès est la confiance en
« soi-même, et peut-être cette confiance en vous-

« même serait-elle ébranlée par le souvenir de l'échec
« récent- que vous avez éprouvé dans votre pays, et
« par la crainte d'en subir un semblable dans un pays
« étranger dont les mœurs, les usages et la langue
« même vous sont peu familiers. » Je reconnaissais la
« justesse de ces observations, et j'attendais avec im-
« patience qu'il me fît savoir où il voulait en venir.
« Enfin, quand il eut terminé l'énumération de ce
« qu'il appelait des palliatifs, il aborda la grande
« question, celle du remède énergique et souverain
« qu'il voulait me proposer. Après une pause d'en-
« viron une minute, il reprit en ces termes : « Non !
« monsieur de Bellemare, ce n'est pas en France, ce
« n'est pas en Angleterre, ce n'est pas même en Eu-
« rope que vous pouvez, à mon avis, refaire prompte-
« ment votre fortune. Il faut aller dans un autre
« monde, où les éléments de succès s'offriront à vous
« avec facilité, et, pour ainsi dire, à foison ; dans un
« monde où votre capacité, vos talents et votre expé-
« rience trouveront un emploi que la vieille Europe
« ne saurait leur donner. Ce n'est pas un projet fan-
« tastique, mais bien un projet sérieux, que je vous
« propose, et qu'il ne tient qu'à vous de réaliser à
« l'instant même. Un vaisseau de la compagnie des
« Indes est en ce moment en partance pour Calcutta.
« Une partie du fret appartient à la maison Walston
« and C°, embarquez-vous sur ce navire ; votre pas-
« sage ne vous coûtera rien. Quand vous serez arrivé
« à Calcutta, M. Walston sera heureux de vous pro-
« curer, soit par ses relations, soit directement, une

« occupation cent fois plus lucrative que celles que
« vous pourriez espérer en Europe. Vous parlez pas-
« sablement l'anglais, vous l'écrivez mieux encore :
« c'en est assez, avec l'intelligence et les connais-
« sances que vous avez, pour arriver en trois ou
« quatre ans à une fortune plus belle que celle que
« vous avez perdue, et en dix ans, si vous persistez,
« à une fortune colossale. Maintenant réfléchissez et
« décidez-vous promptement, car le bâtiment est à
« l'ancre à Greenwich, et doit mettre à la voile par la
« marée de demain soir; ainsi, que j'aie votre ré-
« ponse demain avant midi, afin que j'aie le temps de
« prévenir le capitaine et de vous faire préparer un
« logement. »

« Je n'entreprendrai pas de vous faire part des ré-
« flexions qui m'ont occupé pendant toute la nuit,
« que je passai sans fermer l'œil un instant. Enfin,
« après avoir bien balancé le pour et le contre, j'ai
« fini par me persuader que c'était la Providence elle-
« même qui m'offrait cette planche de salut, au mo-
« ment où j'avais failli succomber sous le désespoir.
« Ces paroles réconfortantes qu'elle m'avait fait en-
« tendre la veille au sortir de l'église retentissaient
« encore dans mon cœur, comme un avertissement sa-
« lutaire. Enfin avant midi j'étais chez M. Barclay, et
« le soir à six heures je montais à bord du *Queen-Vic-*
« *toria*, qui doit me transporter aux Indes; c'est de
« la petite chambre qui va me servir d'habitation pen-
« dant la traversée que je vous écris cette lettre. Sin-
« gulière destinée ! c'est pour me rapprocher plus

« tôt de vous que je m'en éloigne de quatre mille
« lieues ! Dans trois ans nous nous reverrons ; d'ici
« là adoptons l'un et l'autre cette devise : Courage !
« espérance ! »

Un long *post-scriptum* terminait cette lettre, qu'il
n'avait close qu'au moment où le bateau pilote quittait
le navire pour retourner à terre. Aussi terminait-il en
disant : « Quand vous lirez ces lignes je serai au milieu
« de l'océan Atlantique. »

« Je ne saurais vous peindre, continua le curé, les
sentiments divers qui agitèrent le cœur de Mme de Bellemare à la lecture de cette longue épître. Elle pleura
amèrement, et mes efforts furent vains pour la consoler. Elle répétait souvent : « Il ajourne notre réunion à
« trois ans : ah ! nous ne nous reverrons jamais sur la
« terre. »

Ce fut pendant qu'elle était encore sous le coup de
cette douleur poignante qu'elle fut obligée d'aller à
Évreux, comme je vous l'ai dit, pour une nouvelle réunion de créanciers, et qu'à son retour elle fut attaquée
d'une maladie grave, compliquée de toutes ces peines
morales auxquelles les médecins ne pouvaient porter
remède. Elle succomba après quelques jours de souf-
france, en montrant une résignation angélique et en
priant jusqu'à son dernier soupir pour son mari et pour
son enfant.

CHAPITRE V

Où nous voyons paraître pour la première fois l'orpheline
de Verneuil.

Il se fit un nouveau silence après ces dernières paroles du curé, et ce fut cette fois Mme de Savigny qui
le rompit en disant : « Pauvre chère amie ! ah ! combien elle a dû souffrir ! car elle a eu beau vouloir excu-
ser les fautes de son mari, et vous-même, monsieur
le curé, permettez-moi de vous le dire, votre esprit de
charité a beau vouloir pallier les torts de cet homme, je
trouve inqualifiable sa conduite envers sa femme. Sans
doute il n'est pas coupable de toutes les infamies qu'on
lui reproche ; il n'a pas été un banqueroutier fraudu-
leux, c'est-à-dire un voleur ; mais c'est là de la probité
la plus vulgaire, et il n'en a pas moins abandonné sa
femme et son enfant au sort le plus déplorable, et cela
sous le prétexte chimérique d'aller courir après la fortune
dans l'Angleterre et dans les Indes.

— Madame, répondit le curé, permettez-moi de
vous faire observer que je n'ai point cherché à pallier
les torts de M. de Bellemare ; car je vous ai dit qu'il
avait apporté dans la gestion de ses affaires trop de lé-

gèreté, trop de confiance ; cependant ne nous hâtons pas de le juger trop sévèrement ; il n'est pas donné à tout le monde d'avoir un esprit ferme, inébranlable, et dans certaines circonstances, quand le malheur vous accable, on ne saurait faire un reproche sérieux, même à des hommes qu'on croyait solidement trempés, d'éprouver certaines défaillances, et de ces instants de faiblesse comme vous avez pu en remarquer dans les lettres de M. de Bellemare ; mais c'est un motif pour le plaindre plutôt que pour le juger avec sévérité. C'était bien ainsi que sa pauvre femme le jugeait, et c'était ainsi qu'elle eût désiré vous le faire apprécier à vous-même, quand à son lit de mort elle avait entrepris sa justification auprès de vous, tâche dont j'ai été obligé de me charger, et qu'elle eût probablement mieux remplie que moi.

— Je ne le pense pas, monsieur le curé, répliqua Mme de Savigny ; car je connaissais l'excellent cœur d'Émilie, toute sa tendresse pour son mari, et je me serais défiée d'une apologie sortie de sa bouche, tandis que vous, Monsieur, si vous avez jugé M. de Bellemare avec l'indulgence et la charité du prêtre, vous l'avez jugé aussi avec la conscience et l'impartialité du magistrat. Mais enfin laissons de côté ce sujet, qui était, d'après la lettre de mon amie, la première chose dont elle voulait m'entretenir, et que, je crois, nous avons épuisée ; et venons à la seconde, qu'elle ne fait que m'annoncer, sans même me dire de quoi il s'agit.

— Ah ! Madame, cette seconde chose qui lui tenait

tant au cœur, selon son expression, et qu'elle n'a pas
eu la force de vous écrire, mais dont elle m'a souvent
entretenu de vive voix, et presque jusqu'à ses derniers
moments, c'était de sa fille bien-aimée, de sa petite
Jeanne, qu'elle voulait parler. « Oh ! me disait-elle
bien souvent, si je pouvais recommander cette chère
enfant à ma bonne Louise, à mon amie, je suis sûre
qu'elle l'aimerait, qu'elle voudrait être sa protectrice,
peut-être sa seconde mère, et alors je mourrais contente ! » Quelques instants avant sa mort, après avoir
reçu les derniers sacrements, au moment où j'allais
commencer pour elle les prières des agonisants, elle
me dit encore d'une voix qui n'était qu'un souffle :
« Mon père, n'oubliez pas, je vous prie, de recommander ma fille à mon amie. — Soyez tranquille, mon
enfant, je ne l'oublierai pas ! — Mon Dieu, je vous
remercie, fit-elle, daignez maintenant recevoir mon âme
entre vos mains ! » Et en disant ces mots elle exhala son
dernier soupir.

— Pauvre chère amie, s'écria Mme de Savigny vivement émue, repose en paix ! Tes derniers vœux sont
sacrés pour moi ; oui, ton enfant sera mon enfant, et il
aura trouvé une seconde mère !

— Dieu soit béni ! reprit le curé non moins ému, et
qu'il étende ses saintes bénédictions sur vous, Madame,
et sur tout ce qui vous appartient !

— Oh ! qu'il me tarde de voir et d'embrasser cette
pauvre petite ! Auriez-vous la bonté, monsieur le curé, de
me faire conduire à la maison des orphelines , où, m'a-
t-on dit, vous l'avez fait placer ?

— Nous n'avons pas ici de maison des orphelines proprement dite ; seulement les dames bénédictines admettent dans leur pensionnat quelques élèves orphelines à des conditions moins onéreuses que celles des autres pensionnaires ; quelquefois même tout à fait gratuitement ; ce sont ces dames qui d'elles-mêmes ont bien voulu se charger, au moins provisoirement, de la petite Jeanne, et je ne suis pour rien dans cette bonne action.

— Eh bien ! monsieur le curé, voudriez-vous bien nous indiquer où est le couvent des dames bénédictines ?

— Je ferai mieux, Madame, et je vais vous y conduire moi-même. »

M. et Mme de Savigny, après avoir fait par politesse quelques difficultés, dans la crainte de déranger le bon curé, finirent par accepter son offre.

Ils se rendirent immédiatement au couvent, où M. le curé introduisit ses visiteurs. Bientôt la petite Jeanne fut amenée dans le parloir et présentée à Mme de Savigny. La pauvre enfant, toute honteuse à la vue d'une dame et d'un monsieur étrangers, restait immobile, les yeux baissés et la rougeur au front.

« Avance donc, ma petite, lui dit avec douceur M. le curé, voilà une bonne amie de ta petite mère qui est venue de bien loin pour te voir ; va donc l'embrasser et la remercier. »

Au nom de sa mère, l'enfant leva vers la dame des yeux mouillés de pleurs, mais sans faire un pas en avant. De son côté, Mme de Savigny la regardait avec intérêt, cherchant dans ses traits si elle retrouverait quelques-uns de ceux de sa chère Émilie ; puis, lui tendant les bras, elle l'attira doucement à elle, l'assit sur ses genoux, et couvrit son visage de baisers et de larmes. « Allons, ma chère Jeanne, lui disait-elle, ne pleure plus ainsi (car la pauvre petite sanglotait en voyant pleurer l'étrangère) ; je veux être ta mère à la place de celle que tu as perdue, et toi, veux-tu être ma fille ? »

Enhardie par ces caresses, l'enfant répondit enfin : « Mais vous n'êtes pas ma mère ; maman, elle est au ciel, où elle prie Dieu pour moi : n'est-ce pas, monsieur le curé ? c'est vous qui me l'avez dit.

— Oui, mon enfant, ta maman est au ciel, où elle prie Dieu pour toi, et tu vois déjà aujourd'hui un effet de ses prières. Comme elle sait que tu as encore besoin des soins d'une mère sur la terre, elle a prié le bon Dieu de t'envoyer son ancienne amie, pour la remplacer auprès de toi. Ainsi, ma petite Jeanne, tu auras maintenant deux mamans, une sur la terre et une autre dans le ciel.

— Mais, est-ce que je ne reverrai plus jamais ma petite maman qui est au paradis?

— Certainement tu la reverras si tu es sage, car elle te prépare une place auprès d'elle, et elle en prépare une aussi pour la nouvelle maman qu'elle t'envoie.

— Vous viendriez voir aussi ma petite mère avec moi, Madame?

— Je l'espère bien, si le bon Dieu m'en fait la grâce ;

mais il ne faut pas m'appeler madame, à moins que tu ne veuilles pas être ma fille.

— Et pourquoi ne le voudrais-je pas, puisque c'est maman et le bon Dieu qui vous envoient ? Seulement j'aurai peut-être un peu de peine à m'accoutumer à vous dire maman, à cause que votre figure ne ressemble pas du tout à celle de petite mère ; mais je m'y habituerai. »

La glace était rompue. Jeanne avait séché ses larmes, et elle se mit à babiller gaiement ; à toutes les questions qu'on lui adressait elle répondait avec une naïveté spirituelle, qui enchantait Mme de Savigny et faisait beaucoup rire son mari.

Au bout d'une demi-heure, Mme de Savigny se leva, embrassa Jeanne et lui dit : « Au revoir, mon enfant, à bientôt.

— Tiens, je croyais que vous alliez m'emmener chez vous.

— Pas encore, mon enfant ; mais je viendrai tantôt vous chercher pour vous promener en voiture. Aimez-vous aller en voiture ?

— Oh! beaucoup, beaucoup. Est-ce dans la calèche ou dans le cabriolet de papa que nous irons?

— Non, c'est dans ma voiture. » Et elle sortit, suivie de M. le curé et de son mari.

On retourna au presbytère, et quand ils y furent arrivés, Mme de Savigny, s'adressant à M. le curé, lui dit : « Permettez-nous, Monsieur, de vous importuner encore quelques minutes ; mais, puisque nous voilà seuls, tenons, si vous le voulez bien, une espèce de conseil de famille au sujet de cette enfant. D'abord je vous déclare que je la trouve charmante, et que je suis toute décidée à l'emmener avec moi et à l'élever comme mon enfant. »

M. le curé, qui ne connaissait pas le caractère de Mme de Savigny, fut un peu surpris de ce que, tout en parlant de tenir conseil, elle exprimait sa volonté sans attendre la discussion et surtout sans consulter son mari. Mais en voyant celui-ci accueillir les paroles de sa femme par un sourire d'approbation, il pensa que c'était une affaire arrêtée d'avance entre eux, et s'adressant aux deux époux, il leur dit : « Je ne puis que vous féliciter, Madame et Monsieur, de la détermination que vous avez prise en faveur de cette enfant, d'autant plus que c'est une lourde charge et une grande responsabilité que vous assumez. J'avais pensé d'abord que vous vous seriez contentés de subvenir aux principaux frais de son éducation, soit en la laissant chez les dames bénédictines qui l'ont recueillie, soit en la plaçant à Paris au couvent où sa mère et vous, Madame, vous avez été élevées; mais j'avoue que je ne m'attendais pas que vous voulussiez vous charger d'une enfant dans un âge aussi tendre, et qui a encore besoin de ces soins minutieux et délicats qu'une mère seule peut donner, ou du moins une personne qui en a l'habitude.

— Comment, Monsieur, répondit en riant Mme de Savigny, qui paraissait s'amuser des craintes du bon curé, pouvez-vous penser qu'en me chargeant des fonctions de mère, je n'en connaisse pas toutes les obligations, et que je ne me sente pas en état de les remplir?

— A Dieu ne plaise, Madame, que j'aie eu une pareille idée! Seulement j'ai voulu dire que vous seriez obligée de contracter des habitudes nouvelles, et par conséquent bien pénibles, surtout pour une personne qui prend bénévolement une pareille charge, et à qui la nature et son devoir n'en font pas une obligation indispensable. »

M. de Savigny, qui jusque-là avait à peu près joué le rôle d'un personnage muet, voulut intervenir, et, s'adressant à sa femme, il dit : « M. le curé a peut-être raison, ma bonne amie; je trouve comme vous cette enfant charmante; je me sens tout aussi disposé que vous à l'aimer et à lui faire du bien; mais nous charger de l'élever nous-mêmes, ne serait-ce pas, en effet, une tâche au-dessus de nos forces, et qui pourrait nous causer beaucoup d'embarras?

— Eh! Monsieur, répliqua vivement sa femme, qui vous parle de *nous?* c'est de MOI seule qu'il s'agit; c'est MOI seule qui prends à mon compte toute la charge, toute la responsabilité et tout l'embarras de cette éducation. »

Quand il arrivait à Mᵐᵉ de Savigny de prendre ce ton solennel, le *moi* dans sa bouche avait des proportions gigantesques, il la remplissait tout entière, et il en sortait avec une intonation emphatique qui rappelait le fameux *moi* de Médée dans la tragédie de Corneille.

Dans ce cas-là, M. de Savigny baissait humblement

la tête et ne discutait plus; car la décision de madame
était irrévocable. Il se contenta de dire d'un air sou-
mis :

« Mon Dieu! ma bonne amie, puisque votre résolution
est prise, n'en parlons plus; vous savez que je n'ai pas
pour habitude de contrarier vos volontés. Seulement,
comme je pensais que vous n'aviez pas calculé les inconvénients que pourraient entraîner pour vous les soins à
donner à une enfant si jeune, je me suis permis de vous
faire cette simple observation. »

Ces paroles prononcées avec calme rappelèrent aussitôt Mme de Savigny à elle-même. Elle sentit toute
l'inconvenance du ton impérieux qu'elle venait de
prendre envers son mari, surtout en présence d'un
étranger doublement respectable et par son âge et par
son caractère. Elle chercha en conséquence à effacer
du mieux qu'il lui fut possible la fâcheuse impression
qu'avait dû produire sur ce vénérable ecclésiastique
le mouvement inconsidéré auquel elle venait de se
livrer, et, reprenant le ton dégagé qu'elle avait un
instant auparavant, elle dit en souriant et en paraissant s'adresser à ses deux interlocuteurs : « Allons,
Messieurs, on voit bien que vous ne vous doutez pas
du plaisir..., que dis-je? du bonheur qu'une femme
trouve à donner des soins à un enfant, et que ce qui
paraîtrait à l'homme le plus robuste fatigue et ennui
accablant, la femme la plus frêle le supporte facilement et presque sans s'en apercevoir. La raison de ce
phénomène est bien simple : c'est que Dieu nous a
créées pour être mères, et nous a donné non-seule-

ment la force de remplir les devoirs pénibles de la maternité, mais encore, par un effet de sa bonté et de sa sagesse infinies, il a attaché à l'accomplissement de ces devoirs un plaisir et une satisfaction qui en font disparaître la fatigue et l'ennui. Pour moi, continuat-elle en donnant à sa voix plus de gravité et une légère teinte de mélancolie, si Dieu m'eût accordé le bonheur d'être mère, je sens combien il m'eût été doux de consacrer tous mes instants à soigner l'enfant qu'il m'aurait donné. Je lui ai longtemps demandé cette faveur, et j'ai pleuré plus d'une fois en pensant qu'elle ne me serait jamais accordée. Mais Dieu sans doute avait ses desseins; en me refusant d'être mère réellement, il me réservait de m'en dédommager en me chargeant d'en remplir les fonctions auprès de l'enfant de ma meilleure amie, et comme M. le curé le disait si bien tout à l'heure à cette pauvre petite, c'est le bon Dieu qui m'a envoyée auprès d'elle pour remplacer la mère qu'elle a perdue. Ce serait donc manquer à la mission qu'il m'a confiée, que de ne pas l'accepter tout entière, avec toutes ses conséquences et tous ses devoirs; or le premier devoir d'une mère est de veiller elle-même à l'éducation de sa fille, et de ne confier ce soin à des mains étrangères que quand elle est dans l'impossibilité absolue de faire autrement. »

Ce langage raisonnable et digne, empreint de sentiments pieux, fut applaudi chaleureusement par ses deux auditeurs. Le curé la remercia de nouveau avec effusion de la bonne œuvre qu'elle allait entreprendre; il la félicita d'en avoir si bien compris l'importance et les devoirs; c'était une garantie qu'elle saurait les accomplir dans toute leur étendue.

« Et moi, chère amie, dit M. de Savigny, pardonnez-moi d'avoir un instant douté de vous, et, pour me le prouver, veuillez m'associer à votre bonne œuvre, et me permettre de servir de père à votre pupille, comme vous lui servirez de mère; car je crains bien que la pauvre enfant ne revoie jamais son véritable père et ne soit doublement orpheline.

— Ce ne sera pas une grande perte pour elle; car je n'ai désormais aucune confiance en M. de Bellemare. Quant à la proposition que vous me faites de vous associer à ce que vous appelez une bonne œuvre, n'y êtes-vous pas de droit associé? Est-ce que, si je suis sa mère adoptive, vous ne devenez pas par le fait son père adoptif? Quand je vous ai dit tout à l'heure que je me chargeais seule des soins et des embarras de son éducation, je n'ai voulu parler que de ces soins et de ces embarras qui sont de la compétence des femmes, et qui ne sauraient être qu'ennuyeux et fatigants pour un homme de votre âge, dont les livres et l'étude sont la seule récréation; mais quand elle aura atteint quelques années de plus, quand j'aurai un peu développé son intelligence, alors je vous appellerai plus directement à me seconder, et, pour vous associer d'une manière plus réelle à mon entreprise, comme vous me le demandiez tout à l'heure, je vous nomme d'avance, ajouta-t-elle en souriant, son professeur de langues française et anglaise, de littérature, d'histoire, de géographie, en un mot, de toute la partie sérieuse de

l'instruction. Ainsi, continua-t-elle d'un ton plus sérieux, puisque le Ciel n'a pas voulu que nous eussions
d'enfant issu de notre union, acceptons avec reconnaissance celle qu'il nous envoie : appliquons-nous à
lui donner une éducation religieuse et une solide instruction ; nous la verrons grandir entre nous deux,
nous jouirons de ses progrès ; devenue grande, elle sera
pour moi une société agréable, une amie qui me rempla-
cera celle que j'ai perdue, et plus tard, je l'espère, elle
sera la consolation de notre vieillesse.

— Monsieur le curé, dit avec une vive émotion M. de
Savigny, vous venez d'entendre ma femme ; mes pensées, mes désirs sont les mêmes ; hâtons-nous de remplir les formalités nécessaires, et nous emmènerons notre
enfant.

— Mais, reprit Mme de Savigny, puisque vous parliez
de formalités, que ne l'adoptons-nous tout de suite ? Il
me semble qu'un acte d'adoption lèverait toutes les
difficultés.

— Permettez, Madame, dit en souriant le curé, sans
être avocat, je connais un peu les lois ; le législateur
n'a pas voulu qu'un acte aussi sérieux que l'adoption se
fît à l'impromptu et peut-être dans un moment d'exaltation, dont plus tard on pourrait se repentir. Il a
voulu laisser aux adoptants tout le temps nécessaire à
la réflexion, et pour reconnaître si le sujet qu'ils se
proposent de déclarer comme leur enfant mérite cette
faveur, pour cela il a exigé que pendant dix ans au
moins, et pendant sa minorité, ils aient donné des soins
à cet enfant. Alors seulement ils peuvent l'adopter

après l'accomplissement de longues formalités, dont nous n'avons pas à nous occuper en ce moment. Ainsi ce n'est que quand la petite Jeanne sera majeure que vous pourrez songer sérieusement à un projet d'adoption. Il y a un moyen d'abréger ces longueurs, c'est de prendre la tutelle officieuse de cette enfant, et alors vous pourrez à tout âge l'adopter par testament.

— Voilà une loi fort ridicule à mon avis. Est-ce que mon mari et moi nous ne sommes pas d'âge à savoir ce que nous faisons? Est-ce que nous changerons de volonté comme des girouettes? On voit bien, Messieurs, que ce ne sont pas les femmes qui font les lois, sans cela...

— Sans cela, reprit en souriant le curé, les lois seraient beaucoup plus raisonnables, je n'en doute pas; mais, en attendant, nous sommes obligés de nous soumettre aux exigences des lois existantes, et vous êtes forcée d'ajourner vos projets d'adoption. Quant aux formalités nécessaires pour la tutelle officieuse, je me charge de voir M. le juge de paix, qui convoquera le conseil de famille à cet effet. Je pense que cette formalité pourra se terminer demain, et après-demain vous pourrez emmener l'enfant. »

En effet, dès le surlendemain, tout fut prêt de bonne heure; Jeanne fut remise à ses nouveaux protecteurs, qui partirent immédiatement pour retourner à Savigny.

SECONDE PARTIE

CHAPITRE I

La maison de Beauregard. — M. le curé de Savigny.

M. et Mme de Savigny habitaient, dans la commune de ce nom, une charmante maison de campagne, construite par le grand-père Porcher. Il lui avait donné le nom de Beauregard que portait déjà la petite colline ou éminence sur laquelle il l'avait élevée. L'étymologie de ce nom était justifiée par la vue magnifique dont on jouissait de cet endroit, qui domine une vaste étendue de la vallée de la Loire. L'habitation, composée d'un rez-de-chaussée, d'un premier étage et de mansardes au-dessus, était assez grande pour loger une famille nombreuse et recevoir en outre un certain nombre d'hôtes étrangers. Au-devant du pavillon d'habitation, du côté du nord et dans la direction du bourg de Savigny, se trouvait une cour carrée, circonscrite par le bâtiment principal dont nous venons de parler, et par deux autres qui servaient de communs, et qui étaient construits en retour d'équerre avec le premier; un

4*

mur de clôture, au milieu duquel s'ouvrait une large
porte cochère, formait le quatrième côté de cette
cour.

Au sud du pavillon d'habitation, et dans toute sa
longueur, s'étendait une large terrasse, sablée, plantée
d'acacias taillés en boules, assez bas pour ne pas gêner
la vue des fenêtres du pavillon, et cependant assez
hauts pour donner de l'ombrage aux promeneurs. De
la terrasse on descendait, par un perron double en
pierre de taille, dans un parterre dessiné avec la symé-
trie et la régularité qui caractérisent les jardins français. Un peu plus loin que le parterre, un terrain d'un
à deux hectares était cultivé à la fois en jardin de produit et d'agrément. Ce terrain était divisé en un grand
nombre de carrés séparés par de larges allées bordées
de plates-bandes, où des arbres fruitiers taillés en que-
nouilles, en éventails, en corbeilles croissaient pêle-
mêle avec des groseilliers de différentes espèces, des
rosiers, des rhododendrons, des tulipes, des lis, des
tubéreuses, des dahlias, et toutes les fleurs de chaque
saison, tandis que le milieu du carré était consacré à
la culture des légumes et des plantes potagères. Au
delà du jardin, une vigne contenant au moins dix
hectares descendait par une pente inégale jusqu'au
bord de la Loire, ou plutôt jusqu'à la levée qui borde
ce fleuve. L'ensemble de cette propriété, y compris
les bâtiments et toutes leurs dépendances, les jardins
et les vignes, formait un vaste enclos entouré de murs
de toutes parts, et constituait ce qu'on appelait le domaine de Beauregard.

L'ordre et la propreté qui régnaient partout dans ce domaine témoignaient de la vigilance du maître, ou plutôt de la maîtresse; car Mme de Savigny s'occupait seule des détails qu'exigeait la tenue en bon état d'une si belle propriété. Elle surveillait avec activité les domestiques et les ouvriers employés au service de la maison ou à la culture des jardins et de la vigne. Quant aux autres propriétés de son mari, provenant soit de la succession paternelle, soit de l'héritage de sa tante, Mme d'Azincourt, comme elles étaient toutes affermées, elle n'avait pas à y exercer la même surveillance qu'à Beauregard; mais elle seule touchait les fermages, renouvelait les baux, traitait, transigeait avec les fermiers quand il s'élevait des difficultés sur l'interprétation des conditions de ces baux ou sur tout autre sujet. En un mot, elle remplissait avec zèle les fonctions d'un régisseur intelligent et probe, ennemi des tracasseries, mais exigeant avec régularité ce qui est légitimement dû.

Dans les commencements de son séjour à Beauregard, elle consultait ordinairement son mari dans ces sortes d'affaires, elle lui faisait signer les quittances et les renouvellements des baux, les marchés avec les ouvriers, etc.; mais bientôt celui-ci, ennuyé de ce qu'il appelait des tracasseries étrangères à ses habitudes, supplia sa femme, puisqu'elle le voulait bien, de s'en charger elle seule à l'avenir, et à cet effet il lui donna par acte notarié une procuration portant les pouvoirs les plus étendus.

A dater de cette époque, on peut dire qu'elle devint

tout à fait dame et maîtresse absolue, ne rendant de
comptes à personne, pas même à son mari, qui du reste
ne songeait guère à lui en demander, et qui même eût
refusé de l'entendre si elle le lui eût proposé. Du reste
les comptes étaient tenus avec une ponctualité parfaite,
et balancés chaque jour comme l'aurait pu faire le négociant le plus scrupuleux.

Cet ordre apporté dans les affaires de son mari avait
apporté une amélioration notable dans ses revenus,
et lui avait permis de réparer les brèches que leur
avaient occasionnées leur train de maison pendant
cinq ans de séjour à Paris, et leurs dépenses pour paraître à la cour. De plus, elle avait pu remettre dans
un état convenable le domaine de Beauregard, qui tom-
bait littéralement en ruine quand ils étaient venus l'habiter, comme cela n'arrive que trop souvent aux propriétés abandonnées à des surveillants incapables ou
infidèles. Ainsi elle avait relevé une partie des murs
de clôture que le temps et l'incurie avaient renversés;
elle avait restauré et, pour ainsi dire, remis à neuf
la maison d'habitation et toutes ses dépendances; et,
après toutes ces dépenses faites, il lui était encore
resté de quoi acheter quelques portions de terrain qui
se trouvaient à sa convenance pour arrondir leurs
propriétés. On ne pouvait cependant la taxer d'avarice,
car elle faisait grandement les honneurs de sa maison;
sans compter que les pauvres de la paroisse avaient
aussi une large part dans ses libéralités.

Cependant, malgré ces excellentes qualités, que nul
ne contestait, Mme de Savigny n'était aimée ni de son

entourage, ni de ses fermiers, ni des habitants du
village. On la trouvait trop fière ; elle n'avait dans
ses manières rien de cette grâce, de ce liant qui séduit
et qui gagne les cœurs. Quand on lui demandait un
service, elle ne le refusait pas, mais elle ne semblait
l'accorder qu'à regret, et elle avait soin elle-même
d'en faire sentir et d'en exagérer la valeur. Son frère,
l'abbé Vannier, dont nous reparlerons tout à l'heure,
appelait cela escompter la reconnaissance qu'on pouvait
lui devoir.

Quant à M. de Savigny, il était aimé et vénéré de
ses domestiques et de toutes les personnes qui avaient
le bonheur de l'approcher. Lorsqu'il traversait à pied
les rues du bourg, tout le monde, hommes, femmes,
vieillards, enfants, le saluaient avec empressement et
une certaine familiarité respectueuse ; et lui, il ne
mettait pas moins d'empressement à répondre à leur
politesse, causant amicalement avec les uns, s'infor-
mant à d'autres de ce qui pouvait les intéresser, souriant à tous avec une égale bienveillance. Dans ces
occasions, il avait soin de bourrer ses poches de bon-
bons et de pâtisseries, qu'il distribuait aux petits gar-
çons et aux petites filles qui avaient été bien sages ou
qui promettaient de l'être, ce qui faisait que personne
n'était exclu. Quand ces enfants appartenaient à des
familles pauvres, il accompagnait le bonbon d'une pièce
de monnaie, en disant : « Voilà pour toi, et ceci est pour
ta mère ; » de sorte que quand il rentrait à Beauregard,
cet excellent homme avait toujours les poches et la bourse
vides.

Jamais M. de Savigny n'avait été si heureux : débar-rassé de tout le tracas des affaires, il jouissait paisible-ment de la tranquillité et du bien-être qui l'entouraient, et qu'il devait, ne cessait-il de répéter, à l'excellente femme que le Ciel lui avait donnée. Il passait une partie de la journée à ses études favorites, et quand le temps le permettait, il faisait quelques promenades dans ses jardins ou dans les environs, n'ayant d'autre souci que de rentrer quand la cloche sonnait l'heure du dé-jeuner ou du dîner, apportant toujours à l'un ou à l'autre repas un merveilleux appétit.

M. et Mme de Savigny voyaient peu de monde, d'a-bord parce que la société était peu nombreuse à Sa-vigny ; puis, parmi les personnes qui la composaient, plusieurs dames s'étaient trouvées blessées du ton de fierté qu'elles avaient cru remarquer dans Mme de Sa-vigny à son arrivée dans le pays. Cependant peu à peu quelques rapprochements s'étaient opérés ; le maire de la commune, un des plus riches propriétaires du pays après M. de Savigny ; le notaire, qui avait donné à madame d'utiles conseils pour la gestion de ses af-faires, et qui tenait à conserver une si bonne clien-tèle ; le médecin, que sa profession appelait souvent à Beauregard, venaient deux ou trois fois par semaine, avec leurs femmes, passer la soirée chez M. et Mme de Savigny, et faire leur partie de boston, de whist, de tric-trac ou de piquet.

Mais un des plus assidus visiteurs de Beauregard était le curé de la paroisse ; et l'on ne sera pas surpris quand on saura que ce curé était notre ancienne con-

naissance l'abbé Vannier, le frère de Mᵐᵉ de Savigny.
Or comment se faisait-il que cet ecclésiastique, que
nous avons vu, en 1830, attaché au secrétariat de l'archevêché de Paris, se trouvât quatre ans plus tard curé
d'une petite paroisse du diocèse d'Orléans? Nous allons
l'expliquer en quelques mots.

Après la visite qu'il avait faite à sa sœur et à son
beau-frère à la suite de la révolution de 1830, l'abbé
Vannier était retourné à Paris. Ayant témoigné le
désir d'exercer les fonctions du saint ministère dans
une paroisse, il fut nommé vicaire à Saint-Germain-
l'Auxerrois, fonctions qu'il remplit jusqu'au 14 février 1831. Ce jour-là, date funèbre, on célébrait dans
son église un service pour le repos de l'âme du
duc de Berry, assassiné à pareil jour onze ans auparavant. Depuis juillet 1830, l'émeute ne faisait que
sommeiller, et de temps en temps, sous le moindre
prétexte, elle se réveillait pour étudier ses forces et
tenter une nouvelle révolution. Cette fois elle crut
avoir trouvé dans une simple manifestation religieuse
une raison suffisante de se livrer à toutes ses fureurs.
En un instant, une foule immense, composée d'hommes
et de femmes à moitié ivres, sortant pour la plupart
des bals masqués et portant encore les livrées dégoû-
tantes du carnaval et de l'orgie, se précipitèrent dans
la vieille basilique, et s'y abandonnèrent avec une
aveugle frénésie au pillage et à la profanation. Rien
ne fut épargné, ni vases, ni ornements sacrés, ni ta-
bleaux, ni statues : tout fut livré à la destruction. La
demeure du curé et des prêtres qui faisaient partie du

clergé de cette paroisse fut envahie et traitée comme l'avait été l'intérieur de l'église. Leur mobilier fut pillé et brisé, et eux-mêmes n'auraient sans doute pas été épargnés, s'ils ne se fussent soustraits par la fuite à la rage des émeutiers.

Quand ils eurent tout saccagé dans l'intérieur, ils se disposaient à démolir l'église et le presbytère, et à n'y pas laisser pierre sur pierre. Déjà ils avaient commencé par abattre la grande croix de fer placée en haut du pignon élevé au-dessus du portail, lorsque enfin un magistrat vint tardivement arrêter ce vandalisme en faisant afficher sur les murs de l'église des écriteaux portant en gros caractères ces mots : PROPRIÉTÉ MUNICIPALE, et en faisant proclamer que ce bâtiment servirait désormais pour la mairie de l'arrondissement, qui ne possédait point de local convenable à cette destination.

Mais l'émeute n'avait pas encore assouvi sa fureur de destruction. Quelques voix crièrent : « A l'archevêché ! — A l'archevêché ! » répondit un écho formidable composé de trente à quarante mille voix ; et la foule, abandonnant le premier théâtre de ses exploits, se rua en hurlant vers le palais archiépiscopal.

Là les mêmes scènes se renouvelèrent, et cette fois personne n'essaya d'en arrêter la violence. Après avoir saccagé tout le mobilier, jeté dans la Seine les livres rares et précieux de la bibliothèque, ces énergumènes se mirent tranquillement à démolir l'édifice même, et ne s'arrêtèrent que quand cette dernière œuvre de destruction fut achevée.

Tant d'abominations ne pouvaient rester sans châ-
timent. Le jour même où ces crimes et ces profana-
tions se commettaient impunément, le choléra faisait sa
première apparition dans Paris, et frappait parmi ses
premières victimes quelques-uns des démolisseurs de
l'archevêché.

Bouleversé par ces épouvantables événements, l'abbé
Vannier vint chercher un refuge chez sa sœur. Quand
le calme fut un peu rétabli, il voulut retourner à
Paris; mais son beau-frère et sa sœur le supplièrent
avec tant d'instances, qu'à la fin ils le décidèrent à
prolonger son séjour, puis enfin à se fixer tout à fait à
Savigny. La cure de cette paroisse se trouvant vacante,
l'évêque d'Orléans, sur la demande de M. de Savigny,
ne fit nulle difficulté de la donner à son beau-frère,
d'autant plus que le prélat avait reçu de l'archevêché
de Paris, avec l'*exeat* de l'abbé Vannier, les témoi-
gnages les plus honorables sur le compte de cet ecclésiastique.

Une fois installé à Savigny, l'abbé Vannier continua, comme on le pense bien, de voir sa sœur et son
beau-frère, avec d'autant plus d'assiduité, que dans
ses différents séjours à Beauregard il avait su apprécier ce dernier, et qu'il s'était formé entre eux une de
ces amitiés solides fondées sur une estime réciproque,
et resserrée encore par les liens de parenté qui les unis-
saient.

M. le curé venait donc presque tous les jours à
Beauregard, et, quand des circonstances imprévues
l'en empêchaient, M. de Savigny accourait en toute

hâte au presbytère ; car il lui manquait quelque chose,
comme on dit vulgairement, quand il avait passé une
journée entière sans voir son cher curé.

Mme de Savigny avait peut-être moins d'empressement à voir son frère, quoiqu'elle n'osât le manifester, et qu'en toute circonstance elle lui témoignât
une sorte de déférence respectueuse ; mais il était le
seul de tous ceux qui l'approchaient qui ne se laissât
point intimider par son ton altier et ses airs de princesse ; seul il lui disait avec franchise ses vérités, et
lui adressait parfois de justes observations, sans em-
portement, sans aigreur, mais avec ce calme et ce ton
d'autorité paternelle qui convenaient à son âge et à son
caractère.

On comprend qu'avec les occupations continuelles
qu'exigeaient la tenue et la surveillance de sa maison
et d'une grande propriété, qu'avec le genre de vie ré-
gulier qu'elle avait adopté ainsi que son mari, Mme de
Savigny ne pût songer qu'avec une sorte de répugnance, je dirais presque d'effroi, à s'éloigner de Beauregard. Ce fut là sans doute une des causes principales
qui lui firent différer si longtemps de répondre à l'invitation de Mme de Bellemare. Enfin, lorsqu'en 1835 elle
se décida à entreprendre ce voyage, elle prit avant son
départ les précautions les plus minutieuses pour que rien
ne souffrît trop de son absence.

Du nombreux domestique qu'elle avait pendant que
son mari occupait une charge à la cour, elle n'avait
conservé que ce qui était indispensable au service
d'une maison de campagne montée sur un pied hono-

rable, mais sans luxe inutile. Parmi ses gens de l'un et
de l'autre sexe, elle avait fait choix de ceux qui par leurs
antécédents, leurs mœurs et leurs principes religieux,
lui inspiraient le plus de confiance ; et, pour les préserver de l'oisiveté, outre les attributions de leur
emploi, elle les avait chargés de différents travaux
à exécuter quand ils auraient achevé leur service.
Ainsi Mlle Julie, la première femme de chambre de
madame, remplissait en même temps les fonctions de
femme de charge ; la seconde femme de chambre,
Mlle Françoise, était spécialement chargée de la lin-
gerie et de veiller au blanchissage. Quant à la cuisinière, la grosse Manette, loin de cumuler plusieurs
fonctions, elle se faisait aider par la fille du jardinier
et par une laveuse de vaisselle, chargée en même temps
du service de la basse-cour. Voilà pour le personnel
féminin. Quant aux domestiques de l'autre sexe, il y avait
d'abord M. Pierre, le valet de chambre de monsieur,
presque aussi âgé que son maître, et attaché à son
service depuis près de quarante ans ; puis son neveu
François, chargé des fonctions de valet de pied, mais
qui aidait son oncle dans son service, car le pauvre
Pierre était souvent attaqué de rhumatismes qui le
rendaient impotent ; enfin un cocher et un palefrenier
complétaient le personnel masculin.

Quelques jours avant son départ pour Verneuil,
elle annonça qu'elle n'emmenait personne avec elle,
si ce n'est peut-être le valet de chambre de monsieur,
dans le cas où ses rhumatismes lui permettraient ce
voyage ; puis elle assigna à chacun des autres domes-

tiques la tâche qu'ils auraient à remplir pendant son absence, et dont elle leur demanderait un compte exact à son retour, recommandant spécialement à Mlle Julie de veiller à l'exécution de ses ordres en sa qualité de femme de charge, et sous sa propre responsabilité. D'ailleurs son absence ne serait pas de longue durée ; elle n'annoncerait pas le jour de son retour, afin qu'on l'attendît à chaque instant, et que chacun fût à son poste quand elle arriverait.

Pour couronner ces précautions, elle eût bien désiré que son frère vînt de temps en temps à Beauregard exercer une sorte de haute surveillance sur ses domestiques en son absence ; mais elle n'osa pas l'en prier, de peur d'essuyer un refus, ce qui eût été probable. Mais, à défaut du maître, elle s'adressa à la gouvernante, femme respectable par son âge, et qu'elle connaissait presque depuis son enfance, car elle était au service de sa famille depuis de longues années ; et, après la mort du père Vannier, elle était devenue la gouvernante de l'abbé, qu'elle avait suivi à Savigny.

Mlle Marthe, c'était le nom de cette fille, ou sœur Marthe, comme on l'appelait quelquefois, parce qu'elle affectait, surtout depuis qu'elle était au service d'un prêtre, dans ses manières, dans son costume, dans son langage, quelque chose qui la faisait ressembler à une sœur converse ; sœur Marthe fut donc enchantée de la marque de haute confiance que lui donnait Mme de Savigny ; elle répondit qu'elle se chargeait bien volontiers de cette tâche, et qu'elle la remplirait, Dieu aidant, avec zèle et discrétion.

Enfin le jour du départ arriva. Pierre était retenu au lit par un nouvel accès ; M. et Mme de Savigny partirent seuls. Nous avons vu les principaux événements de leur voyage ; nous allons maintenant assister à leur retour.

———

CHAPITRE II

Arrivée à Beauregard de l'orpheline de Verneuil. — Sensation
qu'elle y produit.

Tout se passa pour le mieux à Beauregard pendant
l'absence des maîtres, et les choses marchèrent aussi
bien que si madame eût été présente, comme ces ma-
chines bien organisées qui suivent pendant un certain
temps, et sans la surveillance du mécanicien, l'impulsion
qu'il leur a donnée. Sœur Marthe venait tous les jours
faire sa tournée ; mais comme personne ne se doutait
de la commission délicate dont elle s'était chargée, on
l'accueillait parfaitement, ce qui bien certainement
n'eût pas eu lieu si on l'avait soupçonnée. Mais hâtons-
nous de constater qu'à la différence de bien des personnes chargées, dans une autre sphère, il est vrai,
de fonctions analogues, elle ne chercha point à se
faire valoir par des rapports mensongers ou exagérés ; s'il y eut quelques petites fautes commises,
quelques infractions sans gravité à l'ordre établi, elle
ne vit pas ces peccadilles, ou ne voulut pas les voir,
de sorte qu'elle n'eut à présenter à madame qu'un
satisfecit général.

Mme de **Savigny**, comme nous l'avons dit, n'avait pas annoncé l'époque de son retour ; on sait qu'elle se plaisait à surprendre son monde, et à tomber chez elle comme une bombe. Cependant, d'après les calculs les plus probables, l'absence des maîtres se prolongerait beaucoup plus qu'on ne pensait. Par une belle après-midi, cette grave question était agitée entre Mlle Julie, Manette la cuisinière, Françoise et sœur Marthe, qui, tout en causant dans l'office, s'occupaient à peler des coings pour faire de la gelée et de la marmelade. « Voyez-vous, vous autres, disait sœur Marthe, m'est avis que monsieur et madame ne seront pas ici avant dix jours au plus tôt, et je mettrais presque quinze ; c'est aussi l'idée de M. le curé, qui a reçu ces jours derniers une lettre de sa sœur ; elle lui annonce qu'ils sont encore à Paris, et qu'ils n'en partiront que dans deux ou trois jours ; ainsi ils n'ont dû arriver à Verneuil que vers le 20 ou le 21 du mois : or le moins qu'ils y restent, quand on est chez des amis qu'on n'a pas vus depuis si longtemps, c'est quinze à vingt jours ; par conséquent, étant aujourd'hui au 25 septembre, nous ne devons guère les attendre avant le 10 ou le 12 octobre prochain ; encore... »

Ici Mlle Marthe fut interrompue par le roulement d'une voiture qui entrait au grand trot dans la cour, et par les coups de fouet répétés du postillon qui claquait à tour de bras ce qu'il appelait un appel des maîtres. Toute la maison fut aussitôt en émoi. « C'est monsieur et madame qui arrivent ! » cria-t-on de toutes parts.

Déjà le vieux Pierre et son neveu François avaient ouvert les portières de la voiture quand arrivèrent Mlle Marthe, Mlle Julie, et les femmes qui travaillaient dans l'office. Avant que les voyageurs fussent descendus, la voiture était entourée de toute la domesticité, empressée à offrir ses services à ses maîtres et à leur souhaiter la bienvenue. M. de Savigny descendit le premier, en souriant avec sa bonté accoutumée et en tendant la main à Pierre, qu'il appelait son vieux camarade. Bientôt apparut madame, tenant dans ses bras, à la surprise générale, une charmante petite fille de cinq ans, en grand deuil, mais jolie, fraîche et souriante sous sa capote de crêpe. Elle tendit cette enfant à Françoise, qui se trouvait à la gauche, puis donna la main à Mlle Julie, qui s'était approchée pour l'aider à descendre.

Dès qu'elle eut mis pied à terre, d'un coup d'œil Mme de Savigny parcourut le cercle qui l'environnait, et, paraissant satisfaite de trouver tout le monde à son poste, elle salua nominativement ceux et celles qui se trouvaient le plus près d'elle, répondit aux demandes respectueuses qui lui étaient adressées au sujet de son voyage ; puis tout à coup prenant par la main l'enfant qu'elle avait confiée à Françoise, elle la présenta à ses gens en disant d'un ton grave et pénétré : « Voilà une enfant que nous ramenons de notre voyage ; elle se nomme mademoiselle Jeanne de Bellemare ; elle n'a plus ni père ni mère ; c'est M. de Savigny et moi qui lui en servirons désormais. Ainsi vous la considèrerez comme notre propre fille, et vous aurez pour elle les égards et les soins que vous auriez pour notre propre enfant. »

M. de Savigny, prenant aussitôt l'autre main de la petite Jeanne, confirma les paroles de sa femme, en les répétant presque mot à mot, et tous les trois, se tenant par la main, entrèrent dans la maison.

Ce fut un grand événement que l'arrivée de la petite Jeanne à Beauregard. Le soir, les domestiques réunis dans l'office pour prendre leur repas, après le dîner des maîtres, ne s'entretinrent, comme on le pense bien, que de cet événement. « Comment, se disait le cocher, madame, qui paraissait si peu aimer les enfants à cause de leur turbulence, a-t-elle pu se décider à prendre avec elle une petite fille de cet âge, et qui paraît passablement pétulante et lutine?

— Peut-être, observa la cuisinière, n'a-t-elle pas intention de la garder chez elle, et la mettra-t-elle en pension jusqu'à ce qu'elle soit grande et qu'elle ait ter-miné son éducation.

— C'est ce qui vous trompe, répondit Mlle Julie; je sais pertinemment que madame a l'intention d'élever elle-même cette enfant; elle va lui faire monter un petit lit dans le cabinet contigu à sa chambre et qui communique à la mienne, de sorte que la petite cou-chera entre madame et moi. Cela me donnera un peu plus de besogne, mais ça m'est égal; la présence de cette enfant jettera au moins un peu de diversion et de gaieté dans la maison, qui était parfois triste et monotone.

— Oh! ça c'est vrai, ajouta Mlle Françoise, d'autant

plus que la petite a l'air assez mièvre et éveillé. Et quand elle serait un peu bruyante, elle ne le sera pas toujours autant que les enfants de Mᵐᵉ Labriche, qui font à eux deux plus de tapage que tout un régiment. En voilà des enfants qu'on peut appeler turbulents et mal élevés, aussi bien le frère que la sœur ; mais leur mère s'imagine qu'on doit tout leur passer, parce qu'ils sont les enfants de monsieur le maire. Je comprends que madame n'aime pas des enfants de ce genre, qui mettent tout sens dessus dessous dans le salon, quand leur mère s'avise de les amener avec elle ; mais elle aimera bien, j'en suis sûre, sa petite Jeanne, malgré sa vivacité, parce qu'elle a dans la physionomie quelque chose qui plaît tout d'abord ; et puis elle est orpheline, et cela seul inspire déjà la pitié et dispose en sa faveur. Pour moi, je me sens toute prête à l'aimer.

— Et moi aussi, reprit Julie, d'autant plus qu'elle n'est pas fière, et que quand madame lui a dit : « Jeanne, « voilà ta bonne : veux-tu l'embrasser pour faire con- « naissance avec elle ? — Je le veux bien, » a-t-elle répondu ; et, me sautant au cou, elle m'a embrassée plusieurs fois en me disant : « Tant mieux ! je suis bien « aise que vous soyez ma bonne. »

— Eh bien, moi je l'aime déjà, dit à son tour François, le valet de pied, parce qu'elle a bon cœur.

— Et comment peux-tu le savoir ? interrogea d'un air de doute la tante Manette, la cuisinière (elle était tante de Julie, et souvent les autres domestiques lui donnaient cette dénomination).

— Voici la chose, ma tante : ce soir, en servant à table, j'avais changé les assiettes de monsieur et de madame, et j'avais oublié l'enfant...; ça, défaut d'habitude : quand tout d'un coup madame, me regardant de cet air que vous savez, me dit de son ton le plus impérieux : « Eh bien, François, pourquoi ne donnez-« vous pas d'assiette à Jeanne? » L'enfant, émue du ton qu'avait pris madame pour me parler, lui dit avec une voix douce et un petit air fin et touchant : « Oh ! « chère maman, je vous en prie, ne le grondez pas ; « je suis si petite, si petite qu'il ne m'aura pas aper-« çue. » Monsieur se mit à rire de bon cœur de cette saillie naïve; madame sourit elle-même et lui répondit : « Non, ma fille, je ne le gronderai pas, mais à condition « que cela ne lui arrivera plus. »

— Ah çà ! décidément, observa sœur Marthe, qui était restée à Beauregard parce que son maître était allé dîner ce jour-là chez un de ses confrères des environs, elle appelle donc madame maman, et madame l'appelle sa fille ?

— Certainement, répondit Mⁿᵉ Julie, et monsieur, elle l'appelle papa, ou plutôt bon papa. Qu'y a-t-il à cela d'étonnant? Ne leur avez-vous pas entendu dire en arrivant qu'ils la regardaient comme leur propre enfant, et que nous étions tenus à avoir pour elle les mêmes égards que si elle était leur propre fille ?

— Mon Dieu, oui, je l'ai bien entendu, et cependant je ne peux encore y croire.

— Mais encore une fois, sœur Marthe, que trouvez-vous d'étonnant à cela?

— Ce que je trouve d'étonnant? Faut-il vous le dire? Eh bien! moi qui depuis plus de trente ans connais la famille de madame, famille qui est loin d'être riche, tant s'en faut, je ne comprends pas comment il se fait que madame, puisqu'elle n'a pas d'enfant, n'adopte pas une de ses nièces ou un de ses neveux plutôt que d'aller chercher une orpheline à Verneuil, dans une famille qui n'a aucun lien de parenté ou d'alliance ni avec elle ni avec son mari. Il me tarde de savoir ce que M. le curé, qui s'est toujours sacrifié pour sa famille, pensera de cela.

— M. le curé est raisonnable, dit le vieux valet de chambre Pierre, qui avait jusque-là gardé le silence, et il pensera que monsieur et madame sont en âge de faire ce qu'il leur plaît, sans que personne ait à contrôler leurs actions.

— Dans tous les cas, ajouta Julie, ce n'est pas à nous de les contrôler; ce sont nos maîtres; ce qu'ils font ne nous regarde pas, et nous n'avons d'autre devoir que d'obéir quand ils nous commandent.

— Je suis parfaitement de votre avis, mademoiselle Julie, et je n'aurais pas même fait cette observation si vous ne m'aviez pas provoquée. Après cela, moi je ne suis pas au service de M. et de Mme de Savigny; j'ai connu madame quand elle avait à peu près l'âge de cette petite orpheline de Verneuil, et qu'elle s'appelait Mlle Louise Vannier; j'ai connu son père, sa mère, ses frères, ses sœurs et leurs enfants; il y a si longtemps que je suis attachée à cette famille, que je crois presque en faire partie; c'est pourquoi je me crois permis d'a-

voir une opinion sur une chose qui me paraît injuste envers elle et qui peut lui être préjudiciable.

— Tiens, reprit Pierre, moi je connais aussi plusieurs parents de monsieur (car il y a plus de quarante
ans que je suis dans la famille), et ces parents-là, qui
comptaient sur sa succession, ont été déjà passablement
vexés quand monsieur s'est marié. Toutefois ils com-
mençaient à reprendre quelque espoir en voyant qu'il
n'avait pas d'enfant; mais leur dernier espoir va s'en
aller à vau-l'eau quand ils apprendront qu'à défaut
d'enfant issu de leur mariage, il en a adopté un étranger. Pour moi, loin d'être attristé pour eux de ce petit
malheur, j'avoue que je ris de bon cœur de leur décon-
venue, et cependant je ne me crois pas un mauvais
cœur.

— Chacun a sa manière de voir, monsieur Pierre ;
quant à moi, je vous ai dit la mienne, et j'y tiens. Mais
restons-en là, et n'en soyons pas plus mauvais amis.
Qui vivra verra. » Et, sur cet axiome de la sagesse des
nations, sœur Marthe se retira en faisant une profonde
révérence.

M. le curé, à qui sa gouvernante s'empressa, aussitôt son retour, d'annoncer cette grande nouvelle, en
fut beaucoup moins ému qu'elle-même, et elle fut
presque scandalisée de le trouver du même avis que
Pierre. « Comment! Monsieur, lui dit-elle avec cette
espèce d'autorité que prennent quelquefois les anciens
serviteurs, vous ne trouvez pas que madame votre
sœur, puisqu'elle voulait adopter un enfant, aurait
mieux fait de prendre une de vos nièces, la petite Jo-

séphine ou sa cousine Eugénie, que de choisir une
étrangère? Le bien, du moins, ne serait pas sorti de la
famille.

— Mais de quel bien parlez-vous, ma bonne Marthe?
répondit le curé en souriant. Du bien de ma sœur? Mais
vous savez comme moi qu'elle ne possédait rien en se
mariant; que même son mari ne lui a accordé, par
contrat, qu'un douaire bien modeste, dans le cas où
elle lui survivrait; qu'elle n'a en réalité que l'adminis-
tration de la fortune de son mari. Mes neveux et mes
nièces n'ont donc, pas plus que moi ou tout autre
membre de notre famille, aucune espèce de droit sur
la fortune de M. de Savigny, qui, dans le cas où il
mourrait sans enfant légitime ou adoptif, reviendrait de
droit à ses parents.

— Oui, je sais bien que c'est ainsi que Mme d'Azincourt avait arrangé les choses dans le contrat de mariage; mais, depuis sa mort, on sait bien aussi que
madame votre sœur s'est fait donner toute la fortune de
son mari, et que par conséquent tout aujourd'hui lui
appartient.

— Et qui est-ce qui le sait? Pour moi, je vous déclare
que je l'ignore absolument.

— Mais tout le monde le dit.

— Et quand cela serait, un pareil acte peut être
révoqué du jour au lendemain, et rien par conséquent
n'appartient à ma sœur du vivant de son mari. Elle n'a
donc pas le droit de disposer sans sa permission de
la moindre parcelle de son bien; et certes ce n'est pas
moi qui engagerai ma sœur à user de l'influence qu'elle

peut avoir sur lui pour le déterminer à frustrer ses
héritiers légitimes ou adoptifs, s'il lui plaît d'en avoir,
en faveur de telle ou telle personne de notre famille.
Déjà ma sœur, du consentement exprès de M. de Savigny, est venue en aide à ceux de nos parents qui se
trouvaient dans la gêne ; car, depuis que je suis curé,
c'est elle qui m'a remplacé dans cette tâche, les
pauvres de ma paroisse ayant avant tout des droits à
mes secours et une part privilégiée dans mes au-
mônes. Grâce à elle donc et à mon cher beau-frère,
toutes les personnes dont je parle sont aujourd'hui
placées et dans une position à gagner honorablement
leur vie, excepté les deux petites filles dont vous parliez tout à l'heure, parce qu'elles sont encore trop
jeunes ; mais elle paie leur pension dans le couvent où
elle a été élevée elle-même, et où elle les a spécialement recommandées. Que pouvait-elle faire de plus ?
Les prendre avec elle, les adopter comme elle fait,
dites-vous, de cette enfant que vous appelez l'orpheline de Verneuil ? Il en a été bien question dans le
temps, et s'il n'y avait eu qu'une petite fille, elle se
serait peut-être décidée. Il fallait donc les prendre
toutes deux sous peine d'exciter la jalousie de l'autre
famille. Mais alors c'eût été bien autre chose ; il y a,
comme vous le savez, vous qui connaissez la famille,
une dizaine d'autres neveux ou nièces, petits-neveux
ou petites-nièces ayant les mêmes droits que Joséphine
et Eugénie : c'eût été alors un concert de réclamations
à n'en plus finir. Pour éviter tous ces désagréments et
couper court à toute réclamation, ma sœur a jugé à

propos d'agir comme elle a fait, et je lui ai donné mon
entière approbation. Je suis entré dans ces détails avec
vous, ma bonne Marthe, parce que je sais tout l'intérêt
que vous portez à ma famille, et que je tiens à justifier la
conduite de ma sœur envers elle. »

Sœur Marthe soupira, et ne répliqua rien.

Le lendemain de bonne heure, M. le curé vint à
Beauregard s'informer de la santé des voyageurs et des
incidents du voyage. Tout lui fut raconté dans le plus
grand détail. Il s'attendrit au récit des malheurs de
Mme de Bellemare, qu'il avait vue autrefois si belle,
si gaie, si heureuse ; il plaignit son mari, et trouva
que sa sœur le jugeait peut-être trop sévèrement.
Quant à Jeanne, qui lui fut présentée, il la trouva
charmante, lui donna quelques dragées, et voulut
qu'elle l'appelât désormais son oncle ; et la petite
fille, quand il partit, se souvenant de la recommanda-
tion, lui répondit de sa voix douce et flûtée : « Adieu,
tonton curé ! » Loin de blâmer sa sœur d'avoir pris
cette enfant avec elle, il l'en félicita, en lui répétant ce
que lui avait dit le curé de Verneuil : « C'est une
lourde charge que vous assumez là, et songez, ma sœur,
que vous aurez à en répondre devant Dieu et devant les
hommes. »

Ce ne fut pas seulement dans l'intérieur de la famille et, pour ainsi dire, à huis clos, que l'arrivée de
l'orpheline de Verneuil donna lieu aux propos et aux
commentaires. Pendant huit jours au moins, ce fut
l'objet de toutes les conversations, surtout parmi les
habitués de Beauregard. Sœur Marthe, qui aimait assez

à caqueter, n'avait pas peu contribué à propager ces nouvelles et à en entretenir ses amis et connaissances. Elle n'osait pas, il est vrai, après ce que lui avait dit son maître, blâmer ouvertement Mme de Savigny ; elle se contentait de raconter l'histoire de M. et de Mme de Bellemare, qu'elle avait connus dans le temps où ils étaient à Paris et y faisaient brillante figure, puis leur ruine, la fuite du mari, la mort de la femme et le délaissement de leur enfant, qu'elle ne désignait jamais que sous le nom d'orpheline de Verneuil, recueillie si à propos et si charitablement par madame, et son récit se terminait ordinairement par cette réflexion judicieuse : « Il faut avouer que dans son malheur cette petite a eu de la chance. » Et tout le monde était de l'avis de sœur Marthe.

Mais de tous ceux qui s'occupèrent de cet événement, il n'y eut personne dont il fît travailler l'imagination comme celle de Mme Labriche, la digne épouse de M. le maire. La première de tous les habitués de Beauregard, elle était accourue complimenter M. et Mme de Savigny dès qu'elle avait appris leur retour ; elle avait comblé de caresses la petite Jeanne, et s'était extasiée sur sa gentillesse, sur sa taille, sur sa bonne mine, etc. etc. Le lendemain elle était revenue avec son mari ; nouveaux compliments à madame, nouvelles caresses à l'enfant. Puis on s'était attendri au récit de ses malheurs, et l'on avait applaudi avec chaleur à l'heureuse pensée qu'avaient eue M. et Mme de Savigny de l'adopter pour leur enfant.

Quand, après quelques jours de conversation sur le

même sujet, Mme Labriche se fut bien assurée que le projet d'adoption était très-sérieux, elle dit un soir à son mari en sortant de Beauregard : « Sais-tu, monsieur Labriche, que cette petite orpheline abandonnée sera peut-être un jour une riche héritière ?

— Assurément, si M. et Mme de Savigny persistent dans leur résolution.

— Pourquoi n'y persisteraient-ils pas ?

— Mon Dieu, pourquoi ? je n'en sais rien ; mais une foule de choses peuvent la faire changer, surtout Mme de Savigny, qui a d'assez proches parents à elle, qui pourraient bien chercher à supplanter l'étrangère.

— C'est possible ; cependant cela paraît douteux d'après ce que j'ai entendu dire à sœur Marthe. Mais dans tous les cas il importerait peu, puisque tout le bien appartient à monsieur.

— Oui, tout le bien appartient à monsieur ; mais la volonté de monsieur appartient à madame, et du jour où elle s'opposerait à cette adoption, elle ne se ferait pas.

— Oh ! pour ça ce n'est que trop vrai, j'en conviens, » fit Mme Labriche d'un air désappointé ; puis, reprenant presque aussitôt son ton d'assurance : « Il est vrai que madame pourrait changer d'idée, et par suite en faire changer à son mari ; il faut que nous cherchions un moyen de l'en empêcher.

— Et qu'est-ce que cela nous fait, s'écria en riant M. Labriche, que madame ou monsieur, ou tous les deux ensemble, changent ou non leur projet sur cette enfant ?

— Qu'est-ce que cela nous fait? reprit d'un ton aigre-doux Mme Labriche, en vérité, vous autres hommes, vous n'avez guère de tact pour savoir préparer de loin les choses.

— Que veux-tu dire, ma chère amie? J'avoue que je n'y comprends rien, et que je ne sais pas deviner les énigmes.

— Eh bien, puisque tu ne sais rien deviner, et qu'il te faut mettre les points sur les *i*, comprends-tu que si la petite est adoptée par M. de Savigny, elle deviendra son héritière, et par conséquent elle sera le plus riche parti du pays?

— Cela, je le comprends parfaitement : et après, où en veux-tu venir?

— Où je veux en venir? C'est que si nous savons bien préparer et conduire les choses, ce riche parti pourrait bien être un jour épousé par M. Henri-Auguste Labriche, fils aîné de M. le maire de Savigny.

— Quelle folie!

— Et en quoi y a-t-il de la folie? Toutes les convenances ne sont-elles pas en faveur de mon idée? rapport d'âge, de fortune, de position sociale.

— Et quand cela serait, ces enfants ne sont-ils pas encore trop jeunes pour s'occuper déjà de leur mariage?

— Des parents prévoyants doivent y penser longtemps d'avance; d'ailleurs ce mariage ne pourrait se réaliser que dans dix à douze ans; à cet âge la petite aura dix-sept ans, et notre fils vingt-deux. Eh ! mon Dieu, douze ans sont bientôt passés, et, pour moi, je ne trouve pas que ce temps soit déjà si long. — Nous allons mettre notre fils au collége à la rentrée ; quand il aura fini ses classes, il fera son cours de droit ; ce n'est pas trop d'une douzaine d'années pour tout cela, et nous arriverons ainsi à l'âge où il pourra se marier. Pendant ce temps-là nous préparerons les choses de manière que, le moment venu, il n'y aura plus qu'à publier les bans et à faire ceindre l'écharpe de votre adjoint : car vous ne pouvez remplir les fonctions de maire dans le mariage de votre fils.

— Comme tu y vas, ma femme, comme tu y vas ! On dirait à t'entendre que la chose est déjà faite ; et quand je pense que tout cela repose sur un rêve de ton imagination, je ne comprends pas qu'une femme sérieuse puisse s'y arrêter un instant.

— Un rêve tant qu'il vous plaira, monsieur l'homme positif, mais on en a vu souvent de moins vraisemblables qui se sont réalisés. Et quand on pense qu'il s'agit de réunir les beaux domaines de Beauregard, de Savigny, de Combrousse, de Villarceaux, sans compter les bois et les prairies qui appartiennent à M. de Savigny, aux propriétés que nous possédons, ce qui ferait presque un apanage princier, il me semble que cela vaut la peine de s'occuper d'un projet aussi grave, et de ne pas le regarder comme un rêve fantastique, tandis qu'on a tant de chances de réussir.

— Mon Dieu, je ne demande pas mieux, et ce n'est pas moi qui y mettrai obstacle ; mais dans ce beau projet de mariage, vous ne songez qu'à Gugusse ; et sa sœur Caroline, qu'en ferez-vous, si vous donnez tout notre bien à son frère? Il faudra la mettre au couvent, sans doute, comme on faisait autrefois.

— Qui parle de mettre Caroline au couvent? Mais si mon projet se réalise, songe donc que, notre fils une fois établi, nous pourrons donner à sa sœur une dot bien plus considérable que nous ne l'aurions pu faire sans cela; car, loin de donner à Henri toute la portion disponible de nos biens, dont il n'aura pas besoin, nous la réserverons pour augmenter la dot de sa sœur.

— Allons, très-bien, tu as réponse à tout; il ne s'agira bientôt plus que du consentement de Jeanne et de Gugusse.

— Ne l'appelle donc plus Gugusse. Mme de Savigny, tu le sais bien, ne peut pas supporter ce nom enfantin, et déjà plusieurs fois elle m'a dit : « Pourquoi n'appelez- « vous pas votre fils du nom de Henri, qui est son « premier nom, et un si beau nom? » Aussi, depuis « ce moment-là je ne l'appelle plus que Henri.

— Il y a au moins trois ans que Mme de Savigny t'a fait cette observation, et je ne t'ai entendu lui donner ce nom que depuis leur retour de Verneuil, c'est-à-dire depuis que tu t'es mis en tête ce fameux mariage; auparavant tu disais que c'était une pure fantaisie royaliste, à laquelle tu n'avais nulle intention de te soumettre.

— Et quand cela serait, quel mal y aurait-il? C'est souvent en paraissant entrer dans les idées des gens qu'on gagne leur confiance. Le nom de Henri vaut bien celui d'Auguste; et les domaines de Savigny, de Combrousse, de Villarceaux et le reste, méritent bien que l'on fasse quelques actes de condescendance qui ne peuvent blesser personne. »

Mme Labriche était, comme on voit, une politique adroite et une mère très-prévoyante.

M. Labriche, sans paraître convaincu par les arguments de sa femme, ne laissa pas que d'y réfléchir à part lui, et il s'endormit en rêvant que son patrimoine s'arrondissait des domaines de Beauregard, Savigny, Combrousse, etc.

CHAPITRE III

Politique, prévoyance et flatterie de Mme Labriche.

Tandis que l'arrivée de l'orpheline de Verneuil et les projets de M. et Mme de Savigny sur cette enfant défrayaient les commérages des uns et faisaient déjà naître l'ambition des autres, la petite Jeanne, insouciante et joyeuse comme on l'est à cet âge, ne songeait qu'à courir et à jouer sur la terrasse et dans le jardin de Beauregard. Tantôt elle faisait ses promenades avec maman Savigny, qu'elle divertissait de son babil enfantin et de ses questions naïves ; tantôt, quand madame était occupée, elle avait pour compagne Mlle Julie, qui dansait, sautait et courait avec elle, ce qui plaisait beaucoup à l'enfant ; tantôt enfin c'était M. de Savigny lui-même qui voulait être son compagnon de promenade et de jeu, et elle le préférait à maman Savigny, qu'elle trouvait trop sérieuse, et à Mlle Julie, qui s'amusait à la taquiner, tandis que le bon papa Savigny se prêtait comme un enfant à toutes ses volontés, à tous ses caprices.

Le fait est que ce vieillard (car nous pouvons lui donner ce nom, quoiqu'il n'eût guère que cinquante-cinq ans, et qu'il eût encore une certaine vivacité dans les mouvements; mais ses cheveux blancs et les rides profondes qui sillonnaient son visage portaient à supposer qu'il était plus que sexagénaire); ce vieillard donc s'était, pour ainsi dire, transformé, et mis à la portée de sa petite compagne. Il ne faisait pas seulement semblant de jouer et de s'amuser avec elle, comme madame ou la femme de chambre, mais il s'amusait et jouait réellement; l'intérêt véritable que bon papa apportait à leurs jeux n'échappait point à Jeanne, et elle lui en savait gré et l'en aimait davantage.

De nouveaux camarades plus rapprochés de son âge et de ses goûts vinrent bientôt prendre part à ses amusements; mais elle leur préférait encore son bon papa Savigny. Ces nouveaux venus étaient Henri et Caroline Labriche, que leur mère, après de nombreuses recommandations sur la manière dont ils devaient se conduire, avait présentés à Mᵐᵉ de Savigny, en témoignant le désir qu'elle leur permît de faire connaissance avec sa charmante petite fille, et de jouer avec elle. Mᵐᵉ de Savigny ne fit pas d'objection pour Caroline; seulement, à l'égard de son frère, elle fit observer qu'il était trop grand pour s'amuser avec une enfant de cinq ans (il avait dix ans), et qu'il s'ennuierait avec elle. « Oh ! Madame, dit aussitôt Mᵐᵉ Labriche en répondant plutôt à la pensée qu'aux paroles de Mme de Savigny, vous ne connaissez pas mon Henri; vous ne l'avez vu que deux ou trois fois, et j'avoue qu'il s'est conduit avec une turbulence qui a dû vous déplaire et vous donner mauvaise opinion de lui; mais il y a de cela longtemps, et je vous garantis qu'aujourd'hui il est entièrement corrigé de ce défaut. Il est maintenant aussi doux et aussi rangé qu'une demoiselle, et c'est pour cela que je me suis permis de vous l'amener avant son départ pour le collége; car dans trois à quatre jours son père le conduira à Orléans et le placera au collége royal. »

Sur cette assurance, Mme de Savigny permit au frère et à la sœur d'aller rejoindre Jeanne, qui se promenait dans le jardin avec Mlle Julie. M. de Savigny s'offrit à conduire lui-même les enfants auprès de sa petite fille et à leur faire faire connaissance; et tous trois sortirent du salon.

Quand elle se trouva seule avec Mme Labriche, Mme de Savigny lui dit en souriant : « Je vous fais mon compliment du changement qui s'est opéré dans votre fils, car il était réellement par trop turbulent; c'est sans doute depuis qu'il est devenu plus raisonnable que vous avez changé son vilain nom enfantin de Gugusse pour celui de Henri, et vous avez bien fait.

— Il y a longtemps que j'en avais l'intention; mais ce qui m'a décidée, ce sont les justes observations de Madame; et je n'ai pas voulu qu'il entrât au collége avec un autre nom que celui qu'il portera désormais.

— Je vous approuve; mais j'ai ouï dire que l'éducation dans les colléges du gouvernement est tout à fait antireligieuse : comment vous êtes-vous décidée à y placer votre fils?

— Je me suis mal expliquée en disant qu'il entrait au collége royal; il en fréquentera seulement les classes comme externe, mais il sera pensionnaire dans l'institution de M. l'abbé G...., dont vous avez probablement entendu parler, et où les élèves reçoivent une excellente éducation religieuse.

— Certainement, j'ai entendu parler de cette institution et de son digne chef, qui est un des amis de mon frère.

— C'est aussi monsieur votre frère qui nous l'a fait connaître et qui nous a engagés à y mettre notre fils.

— C'est très-bien; mais mon frère vous a-t-il dit que cette maison, en même temps qu'elle est très-religieuse, passe aussi pour être très-légitimiste?

— Je le savais depuis longtemps.

— Et cela ne vous a pas empêchée d'y mettre votre fils?

— Et pourquoi cela nous en eût-il empêchés?

— Mais... parce que... il me semble que votre mari étant fonctionnaire public, et par conséquent rallié au nouveau gouvernement, ne voudrait pas commettre en quelque sorte un acte d'opposition en faisant élever son fils dans une institution connue pour ses principes légitimistes. Je connais un procureur du roi qui pour ce motif n'a pas osé y mettre le sien, quoique ce soit un homme foncièrement religieux et qui fait le plus grand cas de l'abbé G...

— Oh bien! mon mari est plus indépendant, et si on lui ôte sa place, il est déjà tout consolé. D'ailleurs, s'il l'a acceptée, il ne faut pas croire que ce soit par attachement et par dévouement pour le nouveau régime; c'était pour empêcher qu'elle ne tombât entre les mains de certains individus qui n'auraient pas mieux demandé que de se servir de l'autorité municipale pour vexer les honnêtes gens. Mais dans le fond, lui et moi, je puis bien vous le dire entre nous, nous sommes légitimistes, je ne dirai pas plus, mais autant que vous et monsieur votre mari. »

Une pareille déclaration avait de quoi surprendre Mme de Savigny, qui se rappelait certains faits et certains discours de M. le maire à l'époque de sa nomination, qu'il avait sollicitée avec instance et en se montrant un des plus zélés partisans de la royauté du 9 août. Il est vrai que plus tard il avait fait preuve de modération, sans toutefois manifester d'opinions légitimistes, et depuis qu'il avait été reçu dans la maison de Beauregard, il avait eu le plus grand soin de se tenir dans un *juste milieu* qui ne laissait pas de couvrir sa véritable opinion, si toutefois il en avait une; car, disons-le tout de suite, M. Labriche, ainsi que madame son épouse, n'était pas plus légitimiste qu'orléaniste. En fait d'opinion politique, ils ne connaissaient que leur intérêt, toujours prêts à embrasser tel ou tel parti, selon qu'ils y trouveraient leur avantage. C'est ainsi que maintenant Mme Labriche, dont nous connaissons les vues et les projets, s'appliquait à gagner la confiance de Mme de Savigny en manifestant une opinion à laquelle elle la savait dévouée, et qu'elle élevait, pour ainsi dire, à la hauteur d'un culte.

Quand on est profondément pénétré d'une opinion, qu'on la regarde comme la seule raisonnable, la seule vraie, on est facilement disposé à croire que tout le monde doit tôt ou tard la partager. Telle était la situation de Mme de Savigny. Aussi, malgré la surprise que lui causa d'abord une manifestation à laquelle elle ne s'attendait pas, comme elle était à mille lieues de soupçonner ce qui lui avait valu cette confidence de la part de Mme Labriche, elle finit par la prendre au sérieux, et à croire qu'elle avait avec elle une coreligionnaire politique. Aussi, lui prenant les deux mains dans les siennes et les serrant avec une effusion qui était chez elle bien extraordinaire, elle lui répondit : « Ce que vous me dites là, madame Labriche, me cause un plaisir que je ne saurais vous exprimer; non, vous ne sauriez croire combien je goûte de bonheur à voir se grossir le troupeau de nos fidèles, que j'ai vu se disperser d'une manière si déplorable et si lâche il y a cinq ans!

— Oh! Madame, ce troupeau est bien plus nombreux que vous ne le pensez; seulement beaucoup de ceux qui en font partie se cachent, les uns par politique et par timidité, ou parce qu'ils aiment leur tranquillité, les autres pour ne pas perdre leur place, comme le procureur du roi dont vous parliez tout à l'heure, ou comme M. Létigna, le percepteur de Savigny, qui ne vient jamais chez vous qu'en tremblant, de peur de se compromettre; mais qu'une occasion se présente, et vous verrez tout ce monde accourir en foule se ranger sous l'antique bannière de nos rois légitimes.

— J'aime à vous croire ; en attendant, on est bien aise de savoir sur qui l'on peut compter, et j'avoue que je suis enchantée de trouver en vous, Madame, une personne à qui je puisse désormais ouvrir mon cœur et confier, avec l'assurance qu'elle les partagera, mes craintes et mes espérances. »

C'était tout ce que voulait Mme Labriche. En femme prudente, elle jugea qu'elle était allée assez loin le premier jour, se réservant de poursuivre plus tard avec persévérance une entreprise si heureusement commencée. Elle rappela ses deux enfants, et prit avec eux congé de Mme de Savigny.

Si cette dernière avait été contente de Mme Labriche, Jeanne, de son côté, avait été enchantée de ses nouveaux camarades, et Mlle Julie, qui pourtant ne les aimait guère, fut forcée d'avouer que le frère et la sœur avaient été très-convenables. On voit que les leçons de leur mère leur avaient profité.

Mme Labriche ne venait ordinairement qu'une fois ou deux par semaine à Beauregard, le dimanche et le jeudi soir, jours de réception ; elle n'y paraissait dans la journée que de loin en loin, pour des visites de politesse indispensables. Elle se garda bien de changer ses habitudes, malgré l'accueil sympathique que venait de lui faire Mme de Savigny. Elle tenait à être désirée et à ne paraître céder qu'aux instances qui lui seraient faites. Elle retarda même d'un jour ou deux sa première visite à Beauregard, et elle n'y revint que la veille du départ de son fils, qu'elle amena pour faire ses adieux.

Mme de Savigny ne manqua pas de se plaindre de sa longue absence, et Mme Labriche l'attribua aux embarras que lui avaient causés les préparatifs nécessaires pour l'entrée de son fils à la pension. « Maintenant, dit alors Mme de Savigny, que cette pauvre Caroline va être privée de la société de son frère, j'espère que vous l'amènerez plus souvent jouer avec Jeanne; ce sera pour moi une occasion de vous voir aussi plus souvent, et pour vous un moyen de vous distraire de l'ennui que vous causera l'absence de votre cher Henri. »

Mme Labriche remercia cordialement Mme de Savigny de sa gracieuse invitation, lui promettant d'en user et même, ajouta-t-elle, d'en abuser, si elle suivait son penchant, et si elle ne craignait d'être indiscrète.

Mme de Savigny s'empressa de la rassurer à cet égard; et elles se quittèrent les meilleures amies du monde.

A compter de ce jour, on peut dire qu'il régna une intimité extraordinaire entre les deux familles. Mme Labriche, souple, insinuante, adroite, avait promptement reconnu les petits travers de Mme de Savigny, surtout son penchant à la domination et son faible pour les titres nobiliaires; elle s'attacha dès lors à flatter ses dispositions par tous les moyens qu'elle put imaginer. Ainsi, dans le tête-à-tête, elle avait commencé à lui donner quelquefois le titre de comtesse;

Mme de Savigny s'en était défendue faiblement, en disant que le diplôme qui accordait ce titre à son mari n'avait pu être régularisé par suite de la révolution de juillet. « Bah! qu'importe? répliqua Mme Labriche, ce n'est pas le parchemin qui donne le titre, c'est la volonté du roi; or cette volonté a été manifestée en plein conseil des ministres, comme l'atteste la lettre qui vous l'a annoncée et que vous m'avez lue. Si M. votre mari n'a pas reçu l'expédition de cette décision royale, c'est uniquement par une force majeure qui ne saurait infirmer la décision même; ainsi vous et monsieur votre mari vous êtes bien réellement et bien légitimement comte et comtesse de Savigny aux yeux de tout homme raisonnable, surtout aux yeux des véritables royalistes. Aussi rien ne m'empêchera désormais de vous donner ce titre, et même publiquement.

— Prenez garde, chère amie, ce serait peut-être imprudent.

— Imprudent! et pourquoi? Ne voyons-nous pas tous les jours, au milieu de la confusion qui règne, des gens de rien, sortis on ne sait d'où, s'affubler des titres de comtes, de ducs, de marquis, voire même de princes, et qui n'en ont pas plus le droit que moi? Il serait plaisant, vraiment, que ceux qui ont à ces titres des droits incontestables s'abstinssent de les prendre par suite d'une prudence que je ne saurais comprendre. »

Mme de Savigny parut se résigner, et dès lors son amie ne l'appela plus que madame la comtesse. Bientôt les personnes qui faisaient partie des réunions du soir, grâce aux insinuations et aux explications de M. le maire et de sa femme, ne donnèrent plus d'autres noms à M. et à Mme de Savigny que celui de comte et de comtesse. D'après les conseils de Mme Labriche, Mme de Savigny fit repeindre ses armoiries sur sa voiture, en les surmontant de la couronne de comte; le cocher et François reçurent une livrée neuve, avec des boutons dorés sur lesquels étaient gravées les mêmes armoiries et la même couronne.

M. de Savigny se vit avec la plus parfaite indifférence affublé d'un nouveau titre qu'il n'avait pris que par complaisance pour sa femme. Quant à M. le curé, il fit d'abord à sa sœur quelques remontrances sérieuses à ce sujet. La conduite du maire et de sa femme lui paraissait surtout inexplicable; et quand sa sœur lui affirmait que M. et Mme Labriche étaient aussi légitimistes qu'elle-même, le bon curé remuait la tête d'un air de doute en disant : « Je ne vous supposais pas si crédule, ma sœur; puisse l'avenir ne pas vous détromper peut-être cruellement !

— Mais quel intérêt voulez-vous que Mme Labriche ait à simuler une opinion qui ne serait pas réellement la sienne?

— J'avoue que je n'en sais rien absolument; mais je n'y ai pas de confiance. Quelle idée a-t-elle eue, par exemple, de vous faire reprendre un titre qui pourrait vous compromettre un jour si quelque nouvelle révolution éclatait? car, il ne faut pas se le dissimuler, nous marchons sur un volcan.

— Bah ! mon frère, vous voyez toujours les choses trop en noir ; et si nos rois légitimes sont rétablis, quel danger y aurait-il eu à reprendre un titre qu'ils nous ont accordé ?

— A ce moment-là il eût été assez tôt de le reprendre ; mais jusque-là je n'en vois point la nécessité, et j'y vois, au contraire, plus d'un inconvénient. »

Cette fois les conseils du curé ne furent pas écoutés ; il cessa dès lors de lui parler sérieusement sur ce sujet, mais souvent il l'attaquait par des plaisanteries mordantes qui blessaient au vif la vanité de Mᵐᵉ la comtesse. L'intimité n'en continua pas moins entre elle et Mᵐᵉ Labriche, et pendant plus de dix ans on peut dire que Mᵐᵉ de Savigny ne vit que par les yeux de la femme de M. le maire.

6

CHAPITRE IV

Éducation de Jeanne.

A mesure que Jeanne grandissait, elle devenait de plus en plus gentille, et son intelligence, ainsi que les belles qualités de son âme, se développait d'une manière admirable. Tout le monde dans la maison, maîtres et domestiques, en raffolaient ; et peut-être cette tendresse, av gle chez plusieurs, eût-elle été funeste à cette enfant en laissant trop facilement germer des défauts qui eussent étouffé ses bonnes qualités, s'il ne se fût rencontré deux personnes qui l'aimaient aussi tendrement, mais qui ne la gâtaient pas. Ces deux personnes étaient Mme de Savigny et son frère M. le curé.

Dans les commencements, Mme de Savigny avait peut-être été une des premières à la gâter. Elle souffrait d'abord tous ses caprices, et voulait que chacun les supportât comme elle ; puis, quand l'enfant finissait par lui devenir importune, elle la grondait avec une sévérité excessive, qui l'effrayait sans la corriger.

Lorsque le temps du deuil de Jeanne fut expiré, Mme de Savigny s'imagina de lui faire faire un trous-

seau magnifique : la soie, la dentelle, les velours, les
rubans, rien ne fut épargné. Elle lui faisait changer
de toilette trois ou quatre fois par jour ; c'était en
quelque sorte une poupée qu'elle et sa femme de
chambre Julie s'amusaient à habiller et à déshabiller
du matin au soir. Quand elles l'avaient parée de quelque ajustement nouveau qui selon elles lui seyait à
merveille, on la plaçait devant une glace pour qu'elle
vît comme elle était jolie ; on appelait M. de Savigny,
quelquefois même Françoise et jusqu'à Manette, pour
l'admirer. Puis, s'il y avait des étrangers, on la con-
duisait au salon, et là, nouvelle extase, nouveaux
compliments. Dans ces occasions-là, Mme Labriche ne
trouvait pas de termes assez forts pour exprimer son
admiration ; jamais, disait-elle, on n'avait vu une petite fille aussi ravissante ; elle la proclamait un bijou,
une perle incomparable ; puis elle terminait ses exa-
gérations ridicules par l'éloge emphatique du goût exquis
de la personne qui avait choisi et ordonné cette délicieuse
toilette.

La vanité et la coquetterie sont, hélas ! des défauts
qu'on peut dire innés chez la femme ; dès l'enfance
nous les voyons percer, et si une main ferme et intelligente n'arrête à temps leur croissance, ils jettent dans
le cœur des racines qu'il est bien difficile plus tard d'en
arracher.

La petite Jeanne n'était pas plus qu'une autre personne de son sexe exempte de ces imperfections. Quoiqu'elle n'eût que six ans à peine, elle était déjà sen-
sible à ces louanges outrées qu'elle entendait faire de

sa beauté ; elle-même ne se lassait pas de vouloir se regarder dans les glaces du salon ; et Julie était obligée à chaque instant de l'élever dans ses bras, ou de la faire monter sur un meuble, afin qu'elle pût s'admirer tout à son aise. Autrefois il eût été difficile de la faire rester immobile pendant quelques minutes ; maintenant, quand il y avait du monde au salon, et surtout quand elle entendait faire son éloge, elle serait restée des heures entières sans bouger sur une chaise. Au jardin, elle se promenait gravement, en donnant la main à sa mère, n'osant courir et sauter comme autrefois, de peur de froisser ou de déchirer sa belle robe. Sa camarade Caroline, qui maintenant venait tous les jours pour s'amuser avec elle, était contrainte de rester immobile comme elle, ou de marcher au pas dans le jardin, quoiqu'elle n'eût point de robe de prix qu'elle craignît de gâter. Sa mère lui avait recommandé expressément de faire tout ce qu'elle verrait faire à Jeanne ; et la pauvre Caroline obéissait en bâillant, ne comprenant pas le plaisir qu'on pouvait avoir à rester assise immobile et si longtemps, ou bien à se promener comme des chantres pendant le *Magnificat.*

M. le curé, témoin de quelques-unes de ces scènes, en fit à sa sœur des observations sérieuses, et elles furent plus facilement écoutées que celles qu'il lui avait adressées relativement à la reprise de son titre de comtesse. D'ailleurs elle s'était déjà elle-même aperçue de l'impression que produisaient sur cette enfant précoce les parures exagérées et les louanges

qu'elles lui attiraient, et elle avait résolu de mettre
un terme à ce qu'elle n'avait d'abord regardé que comme
un amusement pour elle-même sans conséquence
pour l'enfant. Les justes observations de son frère la
déterminèrent à cesser ce badinage ridicule et dangereux. Mais quand elle voulut remettre Jeanne à une
toilette simple et convenable à une petite fille de son
âge, elle fut étonnée de la résistance qu'elle rencon-
tra. C'étaient des pleurs et des gémissements à n'en
pas finir. Mme de Savigny se fâcha, parla de ce ton
impérieux qui faisait trembler tout son entourage, et
qui effrayait si fort la pauvre petite ; mais ses larmes
et ses sanglots ne firent que redoubler. A la fin, sur
l'avis de son frère, elle prit un moyen qui lui réussit
facilement. « Eh bien ! Jeanne, lui dit-elle, puisque
tu veux absolument mettre tes belles robes tous les
jours et jouer à la grande dame, j'y consens ; mais
alors il faudra être grande dame tout à fait : il faudra
toute la journée rester au salon comme maman, ne
plus courir dans le jardin, ne plus sauter à la corde, ni
jouer au cerceau ni au volant avec Caroline ou avec
Julie.

— Je le veux bien, dit Jeanne, moitié riant, moitié
pleurant.

— En ce cas, nous allons commencer tout de suite, »
dit sa mère ; et aussitôt elle l'habilla dans sa toilette la
plus splendide et la conduisit au salon, où il n'y avait
personne. Mme de Savigny la fit asseoir sur un fauteuil,
s'assit elle-même vis-à-vis d'elle, puis se mit à travailler
à de la tapisserie. Un instant après on sonna : c'était

Caroline seule qui venait, comme d'habitude, passer sa récréation avec Jeanne.

Quand elle entra, Mme de Savigny lui dit : « Ma chère Caroline, je ne vous engage pas à rester dans le salon avec nous, cela serait trop triste pour vous ; allez dans le jardin vous amuser avec Julie ; elle vous fera jouer à l'escarpolette, que j'ai fait arranger hier par le jardinier.

— Est-ce que Jeanne n'y vient pas aussi? demanda timidement Caroline.

— Non, ma fille ; Jeanne, comme vous le voyez, est en grande toilette, et elle ne peut pas s'amuser comme vous, qui ne craignez pas de froisser votre robe. »

Là-dessus Julie, qui avait le mot, prit la main de Caroline et l'entraîna au jardin. Bientôt leurs éclats de rire, leurs cris de joie retentirent jusque dans le salon silencieux. Jeanne avait les yeux continuellement tournés du côté de la terrasse, où de temps en temps elle voyait à travers les vitres passer et repasser Caroline et Julie, qui paraissaient se divertir à cœur joie. « Jeanne, lui dit gravement Mme de Savigny, il est de très-mauvais ton, quand on est avec quelqu'un, de détourner continuellement la tête et de ne pas regarder la personne qu'on a en face de soi. » Jeanne se remit convenablement sur son siége, les yeux baissés, mais la figure tournée vis-à-vis de sa maman. Au bout d'un quart d'heure d'immobilité, elle se mit à bâiller à se démettre la mâchoire. « Jeanne, reprit Mme de Savigny, toujours calme et toujours grave, il est encore de plus mauvais ton de bâiller comme vous le faites. »

Et Jeanne essaya de comprimer ses bâillements, et, n'y pouvant réussir, elle les étouffait comme elle pouvait en tenant ses deux mains sur sa bouche.

En ce moment Julie arriva, demandant pour Caroline la permission de monter sur l'âne du jardinier avec Mlle Jeanne, en se plaçant chacune dans un des paniers pour faire contre-poids. Le jardinier les conduirait jusqu'au grand verger, où il allait ramasser des noix, et pendant qu'on les gaulerait, ces demoiselles pourraient encore s'amuser à courir sur l'âne ; enfin, pour revenir, s'il était trop chargé, Julie les ramènerait, à pied, en passant par la ferme de la mère Jolibois, où l'on boirait de bon lait.

« Mon Dieu, Julie, répondit négligemment Mme de Savigny, je ne vous conçois pas de venir me faire une pareille demande. Vous savez mieux que personne, puisque c'est vous qui l'avez habillée, que Jeanne est en toilette de cérémonie, en robe de salon, et qu'on ne va pas courir les champs, monter dans des paniers à âne, et boire du lait à la mère Jolibois, avec une robe à volants de dentelle et à rubans.

— Ah ! pardon, Madame, fit Julie d'un petit air sournois, je n'y pensais pas. C'est bien dommage, vraiment ; nous nous serions bien amusées ; mais nous irons tout de même toutes deux, mademoiselle Caroline ; seulement je mettrai des pierres dans un des paniers de l'âne pour faire contre-poids.

— Arrangez-vous comme vous voudrez, et divertissez-vous bien. »

Ici Jeanne éclata en sanglots, et Mme de Savigny lui dit d'un air étonné : « Qu'as-tu donc, ma pauvre Jeanne, pour pleurer ainsi? Mais c'est encore de plus mauvais ton que de bâiller et d'être distraite.

— Je... vou...ou...drais bien a ...aller à â...ne, a...avec Ca...roline, répondit-elle d'une voix entre-coupée.

— Comment, ma fille, aller à âne avec une robe garnie de dentelle ! Mais ce serait du dernier ridicule, et chacun te montrerait au doigt.

— Non, non, pas avec cette robe, s'écria-t-elle avec vivacité ; permettez-moi, chère maman, de l'ôter, et mettez-moi celle que vous voudrez.

— Je le veux bien ; mais alors il faudra y renoncer, ainsi qu'au rôle de grande dame.

— Oh! je ne demande pas mieux, » fit-elle joyeusement ; et, courant à Julie, elle lui prit les mains en disant : « Venez, venez vite me déshabiller et me passer une autre robe, que j'aille rejoindre Caroline. »

Cette leçon lui profita, et à partir de ce moment il ne fut plus question de toilette recherchée ni de jouer à la grande dame. Mme de Savigny se montra aussi moins familière avec elle qu'auparavant ; peut-être même devint-elle parfois trop sévère, et cela affligeait la pauvre enfant, qui ne comprenait pas la cause de cette nouvelle manière d'être.

Ce fut M. le curé qui parvint à la consoler en lui expliquant les motifs du changement qu'elle croyait remarquer dans la conduite de sa maman à son égard. « Vous n'étiez jusqu'ici à ses yeux, lui dit-il, qu'une enfant encore privée de l'usage de la raison, et elle vous traitait en conséquence ; maintenant que vous avez atteint l'âge de discrétion, elle vous traite comme une petite fille déjà raisonnable ou qui doit l'être ; elle vous parle plus sérieusement qu'autrefois, parce que vous êtes plus capable de comprendre ce langage ; mais elle ne vous aime pas moins : seulement, au lieu de vous aimer comme une poupée qui ne sert que d'amusement, elle vous aime comme une enfant devenue raisonnable et avec laquelle on doit agir en conséquence. »

Ces explications, que son intelligence saisissait parfaitement, lui paraissaient fort justes ; mais cela ne l'empêcha pas de trouver que sa maman devenait trop froide avec elle ; et elle aurait autant aimé qu'elle la traitât moins en grande fille, et qu'elle répondît davantage à ses caresses.

Mais elle trouvait un ample dédommagement de la froideur de sa mère adoptive dans l'affection toujours si douce et si sympathique de son bon papa Savigny. Lui, il n'avait pas changé à son égard, il jouait toujours avec elle comme par le passé ; seulement ses jeux étaient entremêlés de leçons qui, sans fatiguer l'enfant, l'initiaient aux premières connaissances indispensables et souvent si pénibles à acquérir à cet âge. C'est ainsi que, presque sans s'en apercevoir, elle apprit à lire et à écrire et qu'elle reçut les premières notions de religion et de morale.

M. de Savigny, qui avait passé en Angleterre, comme nous l'avons vu, la plus grande partie de sa jeunesse, de dix à vingt-cinq ans, parlait parfaitement anglais,

6*

au point d'étonner les Anglais eux-mêmes par la facilité
et l'élégance de son langage, et surtout par la pureté de
son accent. Il se mit dans la tête d'apprendre à Jeanne à
parler anglais, non pas en lui enseignant la grammaire
et les règles d'anglais dans un livre, car elle ne savait
pas encore lire, mais en lui apprenant cette langue
comme elle avait appris sa langue maternelle, c'est-à-
dire en lui répétant les mots et les phrases les plus
usuelles, et en les faisant répéter à elle-même jusqu'à
ce qu'elle les retînt et les prononçât régulièrement.
Par cette méthode, au bout de deux à trois ans, et
avant qu'elle eût ouvert une grammaire anglaise,
elle parlait anglais aussi facilement que français. Ce
fut seulement quand elle eut atteint l'âge de huit ans
que M. de Savigny lui mit en mains la grammaire des
deux langues. Alors elle apprit les principes de l'une et
de l'autre en les comparant sans cesse, et saisissant avec
une sagacité extraordinaire les différences qui marquent
le génie des deux langues.

Nous avons dit que M. de Savigny était fort instruit.
L'étude était une de ses plus douces jouissances, et il
y consacrait presque tous ses loisirs. Mais jusqu'alors
il n'avait, pour ainsi dire, étudié que pour lui-même,
pour sa propre satisfaction, et il n'avait jamais pensé
à répandre au dehors les trésors d'érudition et de
science amassés silencieusement pendant tant d'années.
Ce ne fut qu'à l'arrivée de Jeanne qu'il songea à tirer
parti de ses connaissances au profit de cette enfant,
et qu'il résolut de lui enseigner tout ce qui pouvait
convenir à son âge et à son sexe. Mais, avec un tact

judicieux, il comprit qu'il ne devait point suivre les
règles ordinaires de la pédagogie ; il commença par
étudier le caractère, l'esprit et la portée de l'intelligence de l'enfant, en se faisant, pour ainsi dire, enfant
lui-même, et en gagnant sa confiance, tout en ayant
l'air de ne faire que jouer avec elle. Comme un médecin
qui a fait une étude particulière du tempérament d'un
sujet prescrit en conséquence la quantité et la qualité
de nourriture convenables à son estomac, ainsi M. de
Savigny, après avoir reconnu la capacité et les forces
de l'intelligence de Jeanne, s'appliqua à donner à son
esprit une nourriture proportionnée à cette capacité et à
ces forces.

Ce fut toujours par l'enseignement oral qu'il lui
donna les premières notions des sciences auxquelles
il voulait l'initier, comme nous l'avons vu faire pour la
langue anglaise. Par cette méthode, il lui était plus
facile de se mettre à la portée de son écolière, et de ne
rien laisser passer qu'elle ne comprît parfaitement. Il
en usa de même pour l'enseignement de l'histoire sainte,
de l'histoire ancienne, de l'histoire de France, de la
géographie, etc.

Jusqu'à l'âge de douze ans l'enseignement de la religion
tint la plus grande place dans l'éducation de Jeanne. Ici
M. de Savigny fut secondé par le curé, qui venait une
fois par semaine faire une sorte d'examen de ce qu'elle
avait appris les jours précédents. A douze ans, elle fit sa
première communion, avec une piété, une foi, une
ferveur qui édifièrent tout le monde.

Après sa première communion, elle reprit avec son

bon papa ses études, un peu négligées pendant le temps qu'elle s'était préparée à cet acte important. M. de Savigny lui mit entre les mains les meilleurs auteurs classiques anglais et français, et elle fit ainsi, jusqu'à l'âge de seize ans, un cours de littérature comparée des plus variés et des plus intéressants. Nous verrons plus tard par quel événement il fut interrompu.

Les études sérieuses n'avaient pas absorbé tellement le temps de Jeanne, qu'elle n'en eût consacré une partie aux arts d'agrément et aux travaux de son sexe. Mme de Savigny se chargea de lui enseigner la musique et le dessin. Elle fit dans ces deux arts des progrès sensibles, mais moins marqués cependant que dans les études sérieuses. Cela tenait-il à son goût moins prononcé pour les uns que pour les autres? cela tenait-il à la manière différente dont l'enseignement lui était donné dans les deux genres de connaissances? Le fait est qu'elle trouvait parfois sa leçon de dessin ou de musique fort longue, fort pénible ou fort ennuyeuse, et qu'elle revenait comme par délassement à un travail commencé sur Bossuet, sur Racine, sur Fénelon ou sur Shakespeare, etc.

Mlle Julie avait été chargée de lui apprendre à coudre, à broder, à faire de la tapisserie, et tous ces petits ouvrages d'aiguille qu'une femme n'a pas de mérite à connaître, et qu'il est honteux pour elle d'ignorer. Sous ce rapport, les progrès de Jeanne ne laissèrent rien à désirer, et Mme Labriche, chaque fois qu'elle voyait une de ses broderies ou de ses tapisseries, s'écriait avec son emphase ordinaire : « C'est merveilleux ! Elle travaille vraiment comme une fée ! Ma Caroline, qui a pourtant deux ans de plus qu'elle, ne pourrait pas faire aussi bien. » Et ceci était vrai, quoiqu'elles eussent eu l'une et l'autre la même maîtresse d'ouvrage. Voici comment :

Quand Mme Labriche avait entendu parler des progrès merveilleux que faisait Jeanne dans les diverses branches de connaissances que lui enseignait M. de Savigny, elle conçut l'idée de faire donner à sa fille la même instruction par le même professeur. Elle eut l'adresse de faire entendre à Mme la comtesse qu'il ne serait pas plus fatigant pour M. le comte de donner des leçons à deux élèves qu'à une, et qu'il y aurait même un avantage pour la première, parce que la présence d'une camarade exciterait son émulation et lui ferait faire de plus rapides progrès.

Mme de Savigny entra dans ses vues, et même elle ajouta qu'elle se chargerait aussi de donner à Caroline des leçons de musique et de dessin. Mme Labriche se confondit en remercîments, et courut toute joyeuse annoncer cette bonne nouvelle à son mari et à sa fille.

M. de Savigny ne fut pas si joyeux en apprenant cette décision, pour laquelle, selon l'ordinaire, on ne l'avait pas consulté. Il se permit même de faire à sa femme quelques observations, dont celle-ci ne put s'empêcher de reconnaître la justesse. « J'ai étudié, lui dit-il, le caractère et le degré d'intelligence de Jeanne ; cette étude a été longue ; mais c'est parce que je l'ai faite avec soin et conscience que je puis lui donner aujourd'hui une instruction convenable, et obtenir d'elle ces progrès dont on s'étonne quand on ne sait pas les moyens que j'ai employés pour arriver à ce résultat. Maintenant vous me proposez de me charger de l'instruction d'une enfant que je ne connais pas, que je n'ai pas étudiée, c'est un travail tout nouveau à faire, et d'autant plus pénible, que cette petite Caroline, autant que j'en puis juger sans l'avoir examinée attentivement, me paraît un esprit borné, incapable de pouvoir suivre Jeanne, et plutôt faite pour la retarder dans ses progrès que pour être auprès d'elle, comme vous le pensiez, un sujet d'émulation. »

Mme de Savigny, qui connaissait fort bien Caroline pour une petite fille d'un bon caractère, fort douce, mais d'une intelligence étroite, et même d'une bêtise qui prêtait à rire à ses dépens, comprit parfaitement la répugnance de son mari; mais elle s'était engagée, elle ne pouvait reculer. « Recevez-la, lui dit-elle, pendant quelques jours à l'heure des leçons de Jeanne, continuez comme si elle n'était pas là; et, quand vous aurez fini, vous lui ferez quelques questions; Jeanne lui en fera également pour savoir si elle a saisi quelque chose. Comme il est probable qu'elle n'aura rien compris, vous ne perdrez pas votre temps à vouloir lui donner des explications qui seraient tout aussi inintelligibles pour elle. Je vous garantis qu'au bout de huit jours de ce régime, elle demandera elle-même à ne plus suivre vos leçons, ou je trouverai bien moyen de vous en débarrasser. »

Effectivement la pauvre Caroline écoutait M. de Savigny et Jeanne pendant la leçon comme s'ils eussent parlé hébreu, et souvent il lui arrivait de s'endormir.

Pour la musique et le dessin, Mme de Savigny trou-

vait dans cette enfant la même inaptitude. Il n'y eut que
pour les ouvrages à l'aiguille qu'elle réussit assez bien ;
on peut même dire que là elle servait à exciter l'émulation de Jeanne, qui auparavant n'écoutait pas les leçons
de Julie, et ne songeait, au lieu de travailler, qu'à jouer
avec elle, ce que celle-ci permettait facilement, quand
madame n'était pas là.

Au bout d'un mois ou deux, Mme de Savigny pré-
vint Mme Labriche, avec beaucoup de précaution, que
monsieur ne pouvait pas continuer à donner des leçons
à Caroline; qu'il lui trouvait trop peu de dispositions
pour le genre d'études qu'il avait adopté pour Jeanne,
ce qui ne l'empêcherait pas sans doute de réussir dans
d'autres parties. « Effectivement, ajouta-t-elle, elle a
quelques dispositions pour la musique et le dessin;
mais elle réussit à merveille dans les travaux d'aiguille,
et Julie trouve qu'elle est beaucoup plus adroite que
Jeanne. »

Mme Labriche accepta cette fiche de consolation, et
continua d'envoyer sa fille recevoir des leçons de cou-
ture et de broderie à Beauregard.

CHAPITRE V

La réhabilitation. — Jeanne à l'âge de quinze ans. — La science
d'un bachelier ès lettres.

On avait été pendant près de trois ans sans entendre parler de M. de Bellemare. M. de Savigny avait écrit plusieurs fois à Verneuil pour en avoir des nouvelles, et toujours on lui avait répondu qu'on n'en avait aucune. Enfin, au commencement de 1839, le vieux curé de Verneuil écrivit à M. de Savigny une lettre dont nous allons extraire les principaux passages.

« Nous avons enfin des nouvelles du fugitif ou de « l'exilé, comme vous voudrez l'appeler. Le mois der- « nier est arrivé ici un Anglais, employé de la maison « Walston and Cᵉ, lequel était porteur d'une procura- « tion authentique de M. de Bellemare à l'effet de con- « voquer ses créanciers, de solder entièrement le mon- « tant de leurs créances, capital, intérêts et frais, et, « cette opération terminée, de poursuivre sa réhabilita- « tion devant le tribunal compétent.

« Cet homme a déclaré que M. de Bellemare était « à Calcutta; qu'il était associé, ou plutôt qu'il était

« sur le point de devenir associé de la maison Walston ;
« qu'il n'attendait pour cela que l'expédition en règle
« de l'arrêt qui prononcerait sa réhabilitation. Et
« comme on paraissait surpris qu'il pût avoir en si
· « peu de temps amassé des capitaux suffisants pour
« désintéresser tous ses créanciers, et devenir l'as-
« socié d'une maison aussi considérable, le manda-
« taire de M. de Bellemare a répondu que celui-ci,
« ayant appris, quelque temps avant son arrivée aux
« Indes, la mort de sa femme et de son enfant, s'é-
« tait remarié avec une riche héritière de Calcutta ;
« qu'il avait déjà fait de fort belles spéculations avec
« une partie des capitaux provenant de la dot de sa
« femme ; que c'était ce qui lui avait permis de solder
« entièrement ses anciens créanciers, et ce qui lui
« permettrait de s'associer avec M. Walston. Quand on
« lui objecta que l'enfant de M. de Bellemare n'était
« pas morte, il répondit avec un flegme tout bri-
« tannique : « Mais sa femme est-elle réellement
« morte ? — Hélas ! oui, répondit-on. — En ce cas,
« ça ne fait rien, reprit-il, que la petite fille soit vi-
« vante ; ah ! si c'était la mère, l'affaire eût été bien
« différente, car alors son nouveau mariage aurait été
« nul. » On l'engagea au moins, quand il écrirait à
« M. de Bellemare, à lui donner des nouvelles de sa
« fille, à lui dire où elle était placée, et qu'un de ses
« anciens amis s'en était chargé à titre de tuteur offi-
« cieux et dans l'intention de l'adopter. « Bah ! ré-
« pondit-il, je n'en vois pas la nécessité. Il croit sa
« fille morte, il l'a pleurée, c'est bien ; maintenant il

« n'y pense plus. S'il la savait vivante, ça lui donne-
« rait du tourment, des inquiétudes, des préoccupa-
« tions, toujours nuisibles aux gens qui sont dans les
« affaires, et qui ont besoin de toute leur présence
« d'esprit et de tout leur sang-froid. »

« Jamais je ne me serais douté, ajoutait le bon curé,
« quoique je l'eusse souvent entendu dire, jusqu'à quel
« point les affaires d'intérêt dessèchent le cœur, si je n'a-
« vais entendu parler ce digne représentant de la maison
« Walston and Cᵒ.

« Du reste, c'était un homme d'une ponctualité
« d'horloge; toutes les minutes de sa journée étaient
« calculées à l'avance. Il n'est resté à Verneuil et à
« Évreux que le temps nécessaire pour régler le compte
« des créanciers et les solder, retirer les quittances,
« les transmettre aux avoués qui devaient poursuivre
« la réhabilitation, et une fois l'affaire engagée, tous
« les frais payés d'avance, il est parti avant le prononcé
« de la sentence, dont on a dû lui envoyer une expé-
« dition. Ce jugement a été prononcé après son départ,
« et je vous envoie un exemplaire du journal qui en
« contient un extrait très-honorable pour M. de Bel-
« lemare.

« J'ai pensé, disait en terminant le vieux curé, que
« vous liriez avec intérêt ce document qui lave de
« toute tache votre ancien ami et le père de votre
« intéressante pupille. En même temps je pense que
« vous ferez très-bien, malgré les singulières idées
« du représentant de la maison Walston, d'écrire à
« M. de Bellemare pour lui apprendre l'existence et

« la position de son enfant, et lui demander au moins
« son consentement à l'acte par lequel vous vous êtes
« déclaré son tuteur officieux; faute de quoi cet acte
« et l'adoption que vous vous proposez de faire de
« cette enfant pourraient bien être frappés de nul-
« lité... »

Cette lettre donna lieu à une espèce de conseil de
famille entre M. et Mme de Savigny et leur frère le
curé. Mme de Savigny était furieuse; elle était d'avis
qu'il ne fallait pas écrire à M. de Bellemare : puisqu'il
avait abandonné sa femme et son enfant; que sur des
bruits vagues, et sans avoir une certitude positive de
leur mort, il s'était hâté de se remarier, on ne devait
avoir pour lui aucun égard, et il fallait l'oublier
comme il avait oublié lui-même sa femme et sa fille;
qu'elle se garderait bien de révéler à cette enfant
l'existence de ce père dénaturé; que son souvenir commençait déjà à s'effacer de sa mémoire, et qu'il serait
peut-être dangereux, mais tout au moins inutile, de le
réveiller.

« Ma sœur, lui répondit gravement le curé, mon
confrère de Verneuil vous disait dans sa lettre qu'il ne
se serait jamais douté jusqu'à quel point les affaires
d'argent et d'intérêt dessèchent le cœur de l'homme,
je crois qu'il ne serait pas moins surpris de voir à quel
point la passion étouffe dans une femme les sentiments
naturels, et l'entraîne à commettre des injustices. Et
moi je dis que non-seulement vous devez faire connaître à Jeanne l'existence de son père, mais que vous

devez ne lui parler de lui que comme d'un homme honorable, digne de tout son amour et de tout son respect; et que, dès qu'elle sera en âge de comprendre un tel récit, vous devrez lui raconter les malheurs de sa famille, la cruelle nécessité où son père s'est trouvé réduit d'aller sur une terre étrangère chercher les moyens de réhabiliter son honneur de gentilhomme un instant compromis, et que si dans des pays lointains il a contracté de nouveaux liens de famille, c'est parce qu'il croyait les premiers rompus entièrement, quoiqu'ils ne le fussent qu'en partie.

— Et maintenant, s'il est redevenu riche, qu'il apprenne que sa fille existe, et qu'il veuille la ravoir, ne sera-t-il pas bien agréable pour nous d'avoir donné tous nos soins à cette enfant comme si c'était la nôtre, pour nous la voir enlever juste au moment où nous aurions terminé son éducation, et quand nous pensions trouver en elle un appui et une consolation pour nos vieux jours?

— Ma sœur, Dieu a dit dans ses commandements : « Tu honoreras ton père et ta mère; » et ailleurs : « Tu ne mentiras point. » Eh bien, ce serait commettre un mensonge que de cacher à cette enfant l'existence de son père; et ce serait enfreindre le quatrième commandement, si, après la lui avoir révélée, vous cherchiez à la détourner de l'affection, du respect et de l'obéissance qu'elle doit à son père. Voilà ce que commande la loi, et ce à quoi vous devez vous soumettre, quelles qu'en soient les conséquences. Après cela, je suis convaincu que M. de Bellemare apprenant ce qui

s'est passé, et la manière dont vous avez recueilli son
enfant, sera pénétré de reconnaissance pour vous, et
qu'il s'empressera de vous envoyer le consentement dont
parle mon confrère de Verneuil, qui est nécessaire pour
valider l'adoption que vous vous proposez de faire de son
enfant.

— Je suis de votre avis, mon cher curé, ajouta
M. de Savigny; d'autant plus que M. de Bellemare,
ayant maintenant une nouvelle famille et peut-être
d'autres enfants, tiendra moins à avoir auprès de lui
l'enfant de son premier mariage. Mais voici une autre
difficulté : comment lui faire parvenir notre lettre?
Nous ne connaissons pas son adresse à Calcutta, et
Calcutta est une ville presque aussi grande que Paris. Je
pensais bien d'abord à l'envoyer par l'intermédiaire de la
maison Walston and C° de Londres; mais quand je pense
aux propos tenus par l'agent de cette maison, je crains
qu'ils n'aient pas intérêt à ce que M. de Bellemare connaisse l'existence de son enfant, et dans ce cas ils pourraient fort bien ne pas lui remettre la lettre qui lui apporterait cette nouvelle.

— Je n'ose pas, répondit le curé, les soupçonner
d'une pareille indélicatesse; dans tous les cas, pour
vous ôter toute inquiétude, adressez votre lettre au
consul de France à Calcutta, en la lui recommandant
expressément. Il est certain qu'il connaît la maison
Walston de cette ville, et il est certain encore qu'il
trouvera facilement le moyen de faire parvenir votre
lettre à M. de Bellemare, qu'il soit ou non l'associé de
cette maison; car il n'est pas possible qu'un Français

résidant depuis plusieurs années dans une ville aussi éloignée n'ait pas eu quelque relation avec le consul de sa nation. »

Cet avis fut adopté; en conséquence, M. de Savigny écrivit une lettre fort détaillée à M. de Bellemare, et l'adressa, sous une enveloppe particulière, au consul de France à Calcutta. On dit à Jeanne que son bon papa Savigny écrivait une lettre à son petit papa Bellemare.

« O mon Dieu! dit-elle, je voudrais bien lui écrire aussi. — Comme tu voudras, mon enfant, » répondit M. de Savigny; et elle écrivit, moitié en anglais, moitié en français, une charmante petite lettre d'une vingtaine de lignes, émaillée de deux pâtés et de cinq ou six fautes d'orthographe dans les deux langues, et qu'on se garda bien de corriger (elle avait alors neuf ans à peine). La lettre de Jeanne fut mise dans le paquet, et le tout fut adressé au consul de France à Calcutta.

Bien des années devaient se passer avant qu'on reçût la réponse à ces dépêches.

A l'âge de quinze ans, Jeanne était devenue dans toute l'acception de ce mot, dont on abuse si souvent, une jeune personne accomplie. Dans tout l'éclat de la fraîcheur et de la jeunesse, sa beauté était encore relevée par son incomparable modestie, et par ce parfum de pudeur et d'innocence qui est le caractère de la vierge chrétienne. Elle avait si bien profité des leçons de M. de Savigny, qu'elle était plus instruite à cet âge, je ne dirai pas seulement que les jeunes personnes qui

passent pour avoir terminé d'une manière brillante
leur éducation dans des pensionnats, mais encore que
la plupart des jeunes gens qui sortent des colléges
avec des couronnes et des premiers prix. Ajoutons que
cette instruction solide et variée n'était accompagnée
chez elle ni de fausse modestie ni de pédantisme. Elle
semblait avoir pris de ses parents adoptifs toutes les
qualités, sans en contracter les défauts. Ainsi elle
avait de sa mère adoptive la piété fervente, mais plus
éclairée; la dignité dans le maintien, propre à inspirer
le respect, mais sans cette hauteur et cette morgue qui
rendaient si souvent Mme de Savigny insupportable;
enfin elle avait de son bon papa Savigny la rectitude de
jugement, la sûreté de goût, la droiture et la bonté
inaltérable de cœur, mais sans la faiblesse de caractère
qu'on eût pu lui reprocher.

Jeanne avait pour ses parents adoptifs une tendresse
vraiment filiale; cependant elle avait une affection
plus prononcée pour son bon papa; elle aimait bien
aussi sa mère, mais elle éprouvait devant elle une sorte
de crainte qui paralysait les élans de son cœur. Après
eux, celui qui tenait la première place dans son affection, c'était M. le curé, qu'elle avait continué d'appeler son oncle, et qui avait été pour elle un directeur
éclairé, un père spirituel plein de tendresse, qui, tout
en se montrant indulgent, n'en avait pas moins fait sévèrement la guerre à ses défauts dès qu'ils paraissaient,
et lui avait appris, avec le secours de la religion, à s'en
corriger.

En dehors des personnes dont nous venons de parler, Jeanne n'avait contracté d'affection particulière pour personne, si ce n'est pour son ancienne compagne Caroline Labriche : encore ne peut-on donner le nom d'amitié à l'espèce d'attachement que lui inspirait cette jeune personne. En effet, pour que l'amitié s'établisse, il faut qu'il y ait au moins quelque sympathie entre les personnes; il faut qu'il puisse se faire entre elles des échanges de pensées, d'idées, de sentiments; mais c'est ce qui ne pouvait exister entre Caroline et Jeanne. A mesure que la première avançait en âge, elle semblait croître en bêtise et en stupidité, tandis que la seconde devenait plus intelligente et plus instruite. Comment aurait-il pu y avoir échange d'idées et de pensées entre elles? l'une n'en avait pas, tandis que l'autre en surabondait, et si Jeanne essayait de les communiquer à sa compagne, celle-ci l'écoutait sans la comprendre. Il ne fut pas difficile à Jeanne, comme on le pense bien, de s'apercevoir de la nullité de celle qu'on lui avait donnée pour amie. Loin de la rebuter et de la mépriser, comme l'auraient fait beaucoup d'autres à sa place, Jeanne en eut pitié, et son bon cœur lui suggéra l'idée de tâcher, s'il était possible, de tirer quelque parti de ce sol ingrat, en essayant elle-même de le cultiver d'une manière convenable à sa nature.

Nous avons vu que M. et Mme de Savigny avaient renoncé à donner des leçons à Caroline. Jeanne demanda à sa mère la permission de l'entreprendre; ce qui lui fut facilement accordé. Alors imitant ce que son bon papa avait fait pour elle, elle essaya de se mettre à la

portée de l'intelligence de son élève ; mais ce qui avait
été pour M. de Savigny une sorte d'expérience que
l'intelligence du sujet avait rendue agréable et facile
devint pour Jeanne une tâche pénible et parfois rebu-
tante. Cependant elle ne se découragea pas ; à force de
soins, d'efforts et de persévérance, elle parvint enfin
à faire pénétrer quelque lumière dans les ténèbres de
cet entendement obscurci dès sa naissance. Encore tant
de peines n'aboutit qu'à un faible résultat ; c'est-à-dire
que Caroline, après trois ans d'étude, parvint à pouvoir écrire sous la dictée une page à peu près sans
fautes trop grossières d'orthographe, et à faire une
addition, une soustraction et une multiplication pas trop
compliquées. Quant à la division, elle n'avait jamais pu
la comprendre.

Cette supériorité intellectuelle avait donné à Jeanne
un ascendant marqué sur Caroline : celle-ci, qui au
moins avait un bon cœur, chérissait tendrement et
admirait encore plus sa jeune institutrice ; elle lui était
dévouée comme un chien l'est à son maître (cette com-
paraison n'est pas relevée, mais nous n'en trouvons pas
d'autre qui puisse rendre aussi bien notre idée), et elle
lui eût obéi avec plus d'empressement qu'à son père et
à sa mère. Jeanne, touchée de ce dévouement, était loin
d'en vouloir abuser ; mais elle le payait par l'attachement qu'elle portait à son élève, attachement qui, sans
être de l'amitié, comme nous l'avons dit, n'en était pas
moins sincère.

Mme Labriche avait beaucoup compté sur la liaison
qu'elle s'était plu à former entre Jeanne et sa fille,

pour faciliter la liaison plus sérieuse qu'elle prémé-
ditait entre son fils et Jeanne. Chaque année, pendant
les vacances, Henri allait presque tous les jours à Beauregard avec sa sœur. Dans les premières années, il y
était reçu comme autrefois, c'est-à-dire comme un
enfant ; mais quand il devint plus grand, Mme de Savigny fit observer à son amie qu'il n'était pas convenable qu'un jeune homme de l'âge de Henri continuât
à jouer avec des jeunes filles comme quand il n'était
qu'un enfant. En conséquence elle l'engagea à ne plus
l'envoyer avec sa sœur, ajoutant qu'elle le recevrait
toujours avec plaisir quand elle l'amènerait avec elle
dans le salon.

Mme Labriche parut se conformer sans difficulté aux
observations de Mme la comtesse, et M. Henri ne parut
plus que dans les soirées, où il pouvait s'entretenir avec
Mlle Jeanne, mais en présence de ses parents et de toute
la société. Les rapports entre les deux jeunes gens
restèrent les mêmes pendant les années suivantes et
jusqu'à l'époque où nous sommes arrivés, c'est-à-dire
jusqu'à ce que Jeanne eût atteint l'âge de quinze
ans.

M. Henri avait alors fini ses classes, et il allait commencer son cours de droit à Paris. Il n'était pas, sans
doute, d'une intelligence aussi nulle que sa sœur; mais
il était loin d'être un phénix. Il s'était traîné péniblement dans ses classes, et ce n'était qu'à grands ren-
forts de répétitions, de leçons particulières, de ma-
nuels, etc., qu'il était parvenu à se faire recevoir bachelier ès lettres.

Mme Labriche avait depuis longtemps fait part à son fils du projet qu'elle avait de le marier avec Jeanne, et celui-ci ne demandait pas mieux que de voir réaliser ce projet. « Maintenant, lui dit-elle, que te voilà muni de ton diplôme, c'est à toi de faire ressortir tous tes avantages. Mlle Jeanne est fort instruite ; elle ne voudrait jamais consentir à épouser un ignorant, et je suis convaincue qu'un des moyens les plus sûrs de lui plaire est de montrer que l'on possède une instruction étendue. »

Docile aux conseils de sa mère, Henri ne manqua pas, à la première réunion qui eut lieu à Beauregard, de faire un brillant étalage de son savoir. Comme il avait encore la mémoire toute garnie de ses études préparatoires au baccalauréat, il se mit à débiter tout ce qu'il avait appris avec un aplomb et une volubilité étourdissante. Il tint presque seul le dé de la conversation. M. de Savigny, qui l'écoutait avec sa bienveillance habituelle, car c'était à lui qu'il paraissait s'adresser, lui fit deux ou trois fois quelques objections qui le déconcertèrent un peu ; mais bientôt il reprit son assurance, et continua pendant plusieurs heures à parler philosophie, histoire, mathématiques, rhétorique, littérature, etc., jusqu'à ce que tout le programme du baccalauréat y eût passé.

Pendant ce temps-là, Mme Labriche disait à Mme la comtesse : « Eh bien ! comment trouvez-vous notre Henri ?

— Il me paraît fort instruit ; mais, entre nous, il devrait réserver ce genre de conversation pour le moment où il se trouvera tête à tête avec mon mari, qui peut lui répondre ; car cela n'est pas amusant pour des femmes qui n'y comprennent rien.

— Croyez-vous que Mlle Jeanne ne le comprenne pas ?

— Jeanne, c'est possible ; mais elle ne parle jamais de ces choses-là qu'avec son bon papa. »

Si Jeanne avait compris son fils, c'était tout ce que voulait Mme Labriche. Elle n'eût peut-être pas été si contente de ce qu'elle se plaisait à appeler le succès de Henri, si elle eût connu en quoi consistait ce succès.

Quand la société se fut retirée, M. et Mme de Savigny et Jeanne restèrent encore quelques instants à causer ensemble, selon l'habitude, en attendant l'arrivée de tous les domestiques, qui se réunissaient chaque soir avec les maîtres pour la prière commune.

« Eh bien ! chère amie, dit M. de Savigny à sa femme, comment avez-vous trouvé ce soir maître Henri ?

— Je ne suis pas en état de juger sa science ; mais, entre nous, je l'ai trouvé un peu pédant. Du reste, c'est un défaut assez ordinaire aux jeunes gens tout frais sortis du collége, et le contact de la société l'en aura bientôt corrigé.

— Et toi, ma fille, reprit M. de Savigny, que penses-tu de la vaste érudition de M. Henri ?

— Je vous dirai, comme maman, que je ne suis pas capable de l'apprécier.

— Allons, pas de fausse modestie, ma fille ; moi qui te connais, je sais que tu peux très-bien le juger, et j'en suis d'autant plus convaincu, que pendant qu'il parlait j'ai remarqué que tu l'écoutais attentivement, et à certains passages je t'ai vue réprimer un sourire qui a suffi pour m'éclairer sur ton appréciation.

— Eh bien ! alors, bon papa, dit en souriant Jeanne, si vous avez deviné ma pensée, pourquoi voulez-vous que je vous la dise ?

— Votre papa a raison, reprit de son ton sérieux Mme de Savigny ; une jeune personne ne doit rien avoir de caché pour ses parents, surtout quand il s'agit de savoir ce qu'elle pense d'un jeune homme admis dans leur société. »

Ainsi interpellée, Jeanne ne pouvait reculer ; elle se recueillit un instant, et en rougissant elle dit : « Je vous avoue qu'il m'en coûte de vous dire ce que vous me demandez, et je mourrais de honte si d'autres que vous, mon bon papa, et vous, ma chère maman, pouvaient m'entendre.

— Allons, mon enfant, reprit pour l'encourager et de son ton le plus bienveillant M. de Savigny, est-ce que tout ce qui se dit entre nous n'est pas enseveli dans le secret le plus profond ?

— Eh bien ! je pense que M. Henri est savant..., savant comme un perroquet. »

M. et Mme de Savigny se regardèrent en riant : celle-ci s'était peut-être attendue à une autre réponse ; mais son mari, enchanté, s'écria en riant plus fort : « Ma foi, Jeanne, je te fais mon compliment. J'aurais porté le même jugement ; mais je ne l'aurais pas rendu d'une manière aussi juste et aussi laconique. »

CHAPITRE VI

Le prétendant.

Quelques jours après la soirée dont nous venons de parler, deux nouveaux personnages firent leur apparition à Beauregard. C'étaient MM. Porcher père et fils, le premier ancien avoué à la cour royale de Paris, et le second avocat stagiaire du barreau de la même ville. M. Porcher le père était cousin issu de germain de M. de Savigny ; leurs deux grands-pères paternels étaient frères ; seulement l'aïeul de l'ex-avoué n'avait pas acheté, comme son frère, de *savonnette à vilain ;* et le nom de Porcher était passé, sans addition ni substitution d'un autre nom, à ses descendants.

A l'époque du mariage de M. de Savigny, le cousin Porcher avait en vain cherché à empêcher cette union, car il se trouvait par les droits du sang le plus proche parent et le seul héritier du vicomte, et ce mariage faisait à peu près évanouir ses espérances sur cette succession ; mais l'influence de Mme d'Azincourt l'avait emporté sur la sienne. Il avait cependant été invité au mariage, et y avait assisté, il avait même été présent au

contrat, et c'est lui qui avait déterminé Mme d'Azincourt à faire insérer la clause d'un douaire très-mi-
nime en faveur de la nouvelle épouse. Cette circonstance n'avait pas été ignorée de Mme de Savigny, et
elle entra peut-être pour beaucoup dans la froideur
des réceptions qu'elle lui fit lors des rares visites qu'il
rendit à son cousin après son mariage. Bientôt le tour-
billon du monde qui emporta M. et Mme de Savigny les
sépara tout à fait de leur cousin, et les relations entre
eux avaient cessé depuis cette époque, jusqu'au moment
où nous voyons M. Porcher se présenter à Beauregard
en compagnie de son fils.

Grand fut l'étonnement de Mme de Savigny quand on
lui annonça cette visite. « Madame, lui dit l'ex-avoué
après les premiers compliments, ma visite doit vous
surprendre, j'en conviens, alors que nous avons cessé
de nous voir depuis si longtemps ; mais je pense, en
vous en faisant connaître les motifs, mettre fin à votre
surprise. J'ai fait depuis quelque temps l'acquisition
d'une assez belle propriété située à huit à douze kilo-
mètres seulement d'ici, et j'y viens passer une partie
de l'année. Nous sommes donc voisins de campagne ;
ce rapprochement m'a donné l'idée d'en opérer un autre.
Je commence à me faire vieux ; mon cousin Savigny
n'est plus jeune, et, ma foi, j'ai désiré lui serrer la
main au moins encore une fois avant de mourir, et en
même temps lui présenter ainsi qu'à vous, Madame,
mon fils, aujourd'hui avocat stagiaire, et qui était encore
en nourrice, je crois, à l'époque de votre mariage avec
mon cousin. »

Mme de Savigny ne pouvait que répondre convenablement à des avances en apparence si cordiales. Bientôt son mari arriva, et parut enchanté de revoir son cousin ; il fit également un accueil des plus gracieux à son fils, qui était du reste un jeune homme de fort bonne mine, et dont le ton et les manières annonçaient la meilleure éducation.

Mme de Savigny ne crut pouvoir se dispenser d'inviter à dîner ses deux visiteurs, et même de leur offrir l'hospitalité pour la nuit. Mais M. Porcher n'accepta que le dîner, tout en la remerciant avec reconnaissance du surplus de l'invitation : il ne voulait pas, dit-il, pour la première fois qu'il renouvelait connaissance avec eux, leur causer le moindre embarras ; d'ailleurs il avait sa voiture, qui en une heure au plus le transporterait à son habitation ; puis il avait pour le lendemain de très-bonne heure un rendez-vous avec un de ses fermiers, et il serait forcé d'y manquer s'il restait à Beauregard.

Un instant avant le dîner, Jeanne parut dans le salon : les présentations réciproques furent faites par Mme de Savigny. Tout se passa avec une parfaite courtoisie de la part des nouveaux venus. Pendant le dîner, l'ex-avoué parla sur différents sujets avec un certain entrain et cette gaieté toujours parfaitement convenable qui caractérise l'homme d'esprit et l'homme du monde ; son fils, montrant plus de réserve, causa de temps en temps à demi-voix avec M. de Savigny, son voisin, mais il n'adressa la parole ni à Mme de Savigny ni à Jeanne.

Après le dîner on prit le café dans le salon. La conversation devint plus générale, et le vieil avoué, usant du privilége de son âge, se mit à causer sur un ton un peu familier avec Jeanne, en présence de sa mère. Encouragée en quelque sorte par cette présence, Jeanne répondit sans embarras, sans gaucherie, quoique avec une sorte de timidité, aux questions que lui adressa le vieillard. Il parut enchanté de ses réponses, et quand il prit congé de ses hôtes, il dit tout bas à Mme de Savigny : « Je vous fais mon compliment, Madame, de la manière dont vous avez élevé cette jeune personne ; j'en avais déjà entendu parler avec éloge, mais je reconnais qu'on m'avait trompé, car ce qu'on m'en avait dit est bien au-dessous de la vérité. »

Mme de Savigny fut flattée du compliment ; elle était fière de Jeanne, et surtout de l'opinion qu'on avait que c'était elle seule qui avait dirigé son éducation. Cette visite la réconcilia pour un peu de temps avec son cousin Porcher.

Cependant l'arrivée de l'ex-avoué et de son fils avait fait une grande sensation dans la domesticité de Beauregard. On crut que ce n'était autre chose que la visite d'un prétendant à la main de Mlle Jeanne, et comme on commençait à se douter des intentions de Mme Labriche, qui n'était guère aimée des domestiques, on se félicita de voir enfin un concurrent plus convenable à la main de la jeune demoiselle que ce grand niais de Henri, le digne fils d'une personne telle que madame la mairesse.

Ce bruit ne tarda pas à se répandre dans le village,

et à venir troubler le repos de Mme Labriche. « Ah ! mon Dieu, se dit-elle, serait-il possible ! et dix ans de soins et de tourments seraient-ils ainsi perdus en un moment ? Il faut que je m'en éclaircisse à l'instant. »

Elle part aussitôt et arrive tout émue à Beauregard.

« Eh ! mon Dieu, qu'avez-vous donc, chère amie ? lui dit en la voyant Mme de Savigny : vous est-il arrivé quelque malheur ? Comme vous voilà bouleversée !

— On le serait à moins, madame la comtesse, quand on voit s'évanouir tout ce qui faisait l'espérance et le charme de sa vie.

— Mais enfin, que vous est-il arrivé ? vraiment vous m'inquiétez.

— Ah ! Madame, je n'ai jamais osé vous le confier, mais vous avez dû me comprendre depuis longtemps. Il y a bien des années, et je puis dire dès leur enfance, j'avais rêvé qu'un jour nous pourrions unir nos deux enfants, mon fils et votre charmante petite Jeanne ; sans vous avoir formellement exprimé mes vœux à cet égard, j'y ai fait souvent allusion, et loin de repousser mes prétentions, vous avez paru maintes fois les encourager. Vous-même vous avez reconnu qu'il y avait entre eux convenance d'âge et de fortune ; je n'attendais plus que la majorité de mon fils pour vous faire une demande en règle, et voilà que j'apprends qu'hier un cousin de monsieur votre mari est venu solliciter pour son fils la main de votre fille, qu'il a dîné chez vous avec le jeune homme, et que leur demande, à ce qu'on dit, a été favorablement accueillie. Ah ! Madame, s'il

en est ainsi, je sens que j'en mourrai de chagrin! »
Et en disant ces mots elle couvrit sa figure de son
mouchoir comme pour essuyer ses larmes et étouffer ses
sanglots.

« Calmez-vous, chère amie, lui répondit en souriant
Mme de Savigny. Qui donc a pu vous faire de pareils
contes? En vérité, si vous n'étiez pas si émue, une pareille histoire m'apprêterait à rire.

— Quoi! il n'est donc pas vrai que ce M. Porcher est
venu vous demander la main de Jeanne pour son fils?
s'écria Mme Labriche d'un air tout joyeux.

— Mais je vous le demande encore, qui a pu vous
mettre en tête de pareilles billevesées? M. Porcher,
parent fort éloigné de mon mari, qu'il n'avait pas vu
depuis vingt ans, se trouvant dans le voisinage de Savigny, est venu tout simplement renouveler connaissance avec son cousin et lui présenter son fils, ce qui est
la chose du monde la plus simple et la plus naturelle;
mais il n'a pas été dit un mot, un seul mot, ni directement ni indirectement, qui eût trait à un projet de
mariage entre Jeanne et le jeune Porcher.

— Ah! je respire, dit Mme Labriche en poussant un
profond soupir de bien-être; vous soulagez mon âme
d'un poids énorme. Vous savez, madame la comtesse,
combien je vous suis dévouée, à vous et à tout ce qui
vous appartient; ce n'est pas d'aujourd'hui que je
vous ai donné des preuves de mon profond attachement; vous m'avez plus d'une fois témoigné vous-
même que vous n'étiez pas insensible à tant d'amitié et
de dévouement de ma part: eh bien! s'il en est ainsi,

si vous payez de quelque retour la tendre affection que je vous porte, ne brisez pas le cœur d'une mère en lui refusant la grâce qu'elle vous demande à genoux. » Et, en achevant ces mots, elle se précipita en pleurant aux pieds de la comtesse.

« Relevez-vous, ma chère, lui dit celle-ci, et remettez-vous, je vous en prie; s'il est en mon pouvoir de vous accorder ce que vous désirez, vous pouvez être sûre d'avance que votre demande est obtenue. »

Mme Labriche se releva, et répondit aussitôt avec l'accent de la supplication : « Eh bien ! madame la comtesse, je vous demande la main de votre fille Mlle Jeanne pour mon fils Henri !

— Votre demande est grave, chère amie, répondit la comtesse après quelques instants de réflexion; cependant, si cela ne dépendait que de moi, elle ne serait pas refusée. Mais d'abord Jeanne est encore trop jeune pour que nous songions à la marier, et ce n'est pas avant trois ans d'ici que nous pouvons y penser. Ensuite, vous auriez mon consentement, qu'il faut encore le sien et celui de mon mari; enfin notre consentement, je veux dire celui de mon mari et le mien, ne suffit pas, et même n'est pas absolument nécessaire; c'est celui de son père légitime qui est indispensable. Or depuis son départ de France nous n'avons point de nouvelles de lui. Mon mari et sa fille lui ont écrit il y six ans; depuis ce temps-là, chaque année Jeanne a voulu encore lui écrire dans l'espoir qu'une de ses lettres lui parviendrait; et nous n'avons reçu aucune réponse. Il est probable qu'il est mort, ce que je me

garde bien de dire à Jeanne; mais dans ce cas il faudrait
la preuve authentique de son décès. »

De pareilles objections auraient pu arrêter une autre
que Mme Labriche; mais c'était une femme opiniâtre,
et que les plus grands obstacles n'effrayaient pas; nous
allons voir qu'elle avait réponse à tout. « Madame la
comtesse, dit-elle, en vous demandant la main de
Jeanne, ce n'était pas à dire que nous désirions que le
mariage se fît immédiatement. Sans doute Jeanne est
trop jeune, comme vous le dites, et mon fils l'est également; ce que je désire seulement aujourd'hui, c'est
d'avoir votre parole que vous, Madame, vous consen-
tirez à cette union, et que vous ferez ce qui dépendra
de vous pour qu'elle réussisse. Certainement je sais qu'il
faut le consentement de Mlle Jeanne et de M. le comte;
mais je sais aussi qu'ils donneront ce consentement sans
difficulté si vous en témoignez le désir.

« Quant au consentement de M. de Bellemare s'il est
vivant, ou la constatation de son décès s'il est mort,
mon mari se chargera d'écrire ou même de faire toutes
les démarches nécessaires auprès du ministre de la
marine et des affaires étrangères, et je vous garantis
que dans un an au plus tard nous aurons reçu à cet
égard des réponses positives. Ainsi, comme vous ne
comptez pas, ni moi non plus, que ce mariage puisse
se faire avant trois ans, vous voyez que nous aurons
devant nous tout le temps nécessaire. »

Mme de Savigny était toujours agréablement flattée
quand elle s'entendait dire qu'elle était la maîtresse
absolue de la volonté de son mari et de sa fille adop-

tive; mais elle l'était encore davantage en ce moment
en entendant exprimer l'opinion que d'elle seule dépendait le mariage de Jeanne; aussi répondit-elle de
son ton le plus gracieux : « Allons, chère amie, je
vois que rien ne vous embarrasse, et que, si les démarches de votre mari auprès des ministres réussissent, les autres difficultés pourraient également s'apla-
nir; cependant permettez-moi de vous faire observer
que si, comme vous me l'avez dit et comme je le pense,
je suis certaine de déterminer le consentement de mon
mari, je ne suis peut-être pas aussi sûre de celui de
Jeanne, surtout dans l'avenir. Sans doute aujourd'hui
j'ai un empire absolu sur sa volonté; mais qui peut
répondre trois ans à l'avance des dispositions d'une jeune
fille?

— Cela est vrai, Madame; mais alors qui nous empêcherait d'avancer le mariage; et de le fixer immédiatement après l'arrivée des papiers de l'Inde? cela
demande à peu près un an; Jeanne en aurait seize,
et mon fils vingt et un; il n'y aurait rien d'extraordinaire à un pareil mariage. Quant à avoir des craintes
sur les dispositions de Jeanne à l'égard de mon fils, je
ne sais pas si mon amour maternel m'aveugle, mais je
n'en ai aucune. Elle connaît Henri dès sa plus tendre
enfance, et elle lui a toujours témoigné de l'amitié;
elle aime ma fille comme elle aimerait sa propre sœur;
et Caroline, de son côté, se jetterait au feu pour
Jeanne; enfin Henri n'a d'yeux que pour elle. Vous le
voyez, Madame, ces trois enfants semblent destinés
à ne former qu'une famille, dont vous et moi nous

serons les heureuses mères. Enfin une considération bien importante doit aussi entrer dans la balance. Les héritages de mon fils touchent presque de toutes parts les domaines de M. de Savigny; par ce mariage, toutes ces propriétés se trouveront en quelque sorte réunies en une seule dans la main de nos enfants. Si Mlle Jeanne épouse un étranger, il l'emmènera probablement loin d'ici, loin de ce beau domaine de Beauregard, où elle a passé les heureux jours de son enfance et de sa jeunesse; peut-être même seriez-vous obligée de la quitter; tandis que, si votre Jeanne épouse mon Henri, toutes les choses resteront dans le même état; vous conserverez l'une et l'autre vos habitudes; il n'y aura rien de changé, sinon un membre de plus dans votre famille et un accroissement de fortune et de bien-être. »

Mme Labriche continua encore longtemps sur ce ton, et, mêlant adroitement les flatteries à la plus brillante perspective pour l'avenir de Mme la comtesse et de sa fille adoptive, elle finit par obtenir sa parole d'honneur qu'elle favoriserait de tout son pouvoir le mariage de son fils avec Jeanne, et qu'elle repousserait tout autre prétendant qui viendrait se présenter.

Quand Mme Labriche sortit de Beauregard, elle était rayonnante. Julie, qui l'aperçut, courut dire à Manette : « Tout est perdu ! je parie qu'elle a encore réussi à tourner la tête de madame : que je plains cette pauvre demoiselle Jeanne ! »

Mme de Savigny n'eut pas longtemps à attendre l'occasion de tenir la parole qu'elle avait donnée à son amie. Peu de jours après l'apparition de MM. Porcher à Beauregard, M. de Savigny alla leur rendre leur visite. Il trouva l'ex-avoué seul, et, après les premiers compliments, celui-ci aborda franchement une question à laquelle le vieux gentilhomme était loin de s'attendre. « Savez-vous, lui dit-il, mon cousin, le véritable motif de ma visite de l'autre jour?

— Quoi! est-ce que ce n'était pas pour renouveler notre vieille connaissance, comme vous l'avez dit?

— Certainement, c'était pour cela, et pour autre chose encore; mais je ne veux pas vous faire languir plus longtemps; quoique ancien avoué, j'aime à aller rondement en affaires. Or donc le véritable objet de ma visite était de vous demander pour mon fils la main de votre fille adoptive.

— De Jeanne! s'écria le bonhomme tout stupéfait; mais y songez-vous, cousin? ce n'est qu'une enfant.

— Oui, mais une enfant de quinze ans, qui dans trois ans en aura dix-huit; et c'est à cet âge seulement que je pense qu'il conviendrait de la marier, comme mon fils, qui a en ce moment vingt-deux ans, et qui alors en aura vingt-cinq. Après cela, si vous voulez les marier plus tôt, cela pourra se faire également; tout ce que je désire pour le moment, c'est d'obtenir pour mon fils la permission de fréquenter votre maison, de se faire connaître de sa future, afin de mériter son estime et d'obtenir ainsi, sous votre approbation, bien entendu, et celle de votre femme, son consentement à leur union, car il ne voudrait à aucun prix que ce consentement fût influencé ou imposé par l'autorité de ceux de qui elle dépend. Ce sont là pour moi des idées de jeune homme, des idées romanesques qui n'ont pas grande valeur à mes yeux; mais j'ai à vous faire valoir en faveur de ce mariage des idées plus sérieuses et des motifs plus puissants, que votre sagacité, mon cousin, appréciera comme ils méritent de l'être.

« Quand vous vous êtes marié, j'ai été, j'en conviens, passablement contrarié, surtout quand Mᵐᵉ d'Azincourt, notre tante, vous a fait son seul héritier, quoique j'eusse autant de droits que vous à sa succession. A la mort de cette tante, j'aurais pu élever des contestations sur la valeur du testament, car, à mon avis, il renferme des nullités; mais je ne l'ai pas fait, et je vais vous en dire franchement la raison. Vous n'aviez pas d'enfant, et, à l'âge où vous étiez, il était peu probable qu'il vous en surviendrait. Alors à quoi bon vous chercher une chicane qui n'aurait fait que vous irriter contre moi et peut-être vous déterminer à faire un testament dans lequel vous m'auriez entièrement déshérité (car n'oubliez pas, mon cousin, que je suis, et à mon défaut mon fils est votre plus proche héritier)? Quand j'ai su que vous aviez formé le projet d'adopter une petite fille, enfant d'un de vos amis, j'ai pensé aussitôt que cette enfant pourrait être un moyen de réconciliation entre nous, et en même temps de réparation de ce que j'appelle une véritable injustice. En effet, si vous donnez votre pupille à mon fils, il en résultera que vos biens patrimoniaux ne sortiront

pas de la famille, et que la portion de la succession de
la tante d'Azincourt qui me revenait y rentrera également; alors seraient éteintes les contestations que je
pourrais encore élever à ce sujet. Enfin, si mon fils,
en se mariant avec votre fille adoptive, trouve une
riche dot, de son côté sa fortune est au moins égale
à celle que lui apporterait sa femme, car je n'ai pas
d'autre enfant que lui; il est mon seul héritier, et,
sans connaître au juste le chiffre de votre fortune, je
crois que celui de la mienne, tant en biens-fonds
qu'en portefeuille, ne lui est pas inférieur. Maintenant
Gustave a devant lui une belle carrière; il pourra,
quand il le voudra, entrer dans la magistrature, ou,
s'il préfère suivre le barreau, mon successeur et mes
anciens confrères lui fourniront des causes autant
qu'il pourra en plaider. Vous voyez donc, mon cousin,
que nous ne sommes pas un parti tout à fait à dédaigner, et que les liens du sang qui nous unissent, le
désir de réparer ce que je regarde comme une injustice, toutes les convenances d'âge, de fortune, de
position sociale doivent concourir à vous faire conclure
ce mariage. Je vous dirais bien encore, si je parlais à
une femmelette, et non à un homme de sens et de raison, qui n'envisage que le côté positif des choses, je vous
dirais donc que Gustave est fou de votre pupille pour ne
l'avoir vue qu'un instant l'autre jour, et que, si je l'avais
cru, je serais retourné dès le lendemain vous en faire la
demande. »

M. de Savigny se trouva fort embarrassé d'une pareille ouverture. Il convenait bien que le parti lui pa-

raissait fort avantageux pour Jeanne; mais il ne pouvait prendre d'engagement sans...

« Sans avoir prévenu votre femme, interrompit l'ex-avoué; c'est bien comme cela que je l'entends. Pré-venez-la, dites-lui tout ce que je vous ai dit; c'est une femme un peu entière, c'est vrai; mais au fond elle est raisonnable, et je suis convaincu qu'elle se rendra à l'é-vidence. Demain j'irai savoir sa réponse, et je suis per-suadé d'avance qu'elle sera favorable. »

Cette fois, M. Porcher avait mal calculé; Mme de Sa-vigny parut vivement contrariée quand son mari lui rendit compte de sa visite chez son cousin; elle se fâcha contre lui quand il entreprit de lui démontrer les avan-tages de ce mariage, et elle s'écria avec colère que cela ne se ferait pas; qu'elle avait donné sa parole pour un autre, et qu'elle la tiendrait.

Son mari céda comme d'habitude, en disant : « Chère amie, n'en parlons plus, prenez que je n'ai rien dit. »

Le lendemain, le cousin Porcher arriva gaiement pour avoir une réponse à sa proposition. Madame le reçut seule dans son salon. Ils restèrent en conférence à peu près une heure. Nous ignorons les détails de leur con-versation; mais quand M. Porcher sortit, il était rouge de colère. « C'est votre dernier mot, Madame, dit-il en se retournant, et vous voulez que nous nous quittions en ennemis?

— Comme il vous plaira, Monsieur.

— Dans peu, Madame, vous recevrez de mes nou-velles.

— Sur papier timbré, sans doute ? c'est comme ça que vous autres procureurs vous envoyez vos cartels. Adieu, Monsieur. » Et elle rentra dans son salon en fermant vivement la porte derrière elle.

CHAPITRE VII

Testament et mort de M. de Savigny. — Un cas de nullité dans le testament. — Refroidissement de Mme Labriche. — Entretien de Mme de Savigny et de sa fille.

M. de Savigny ressentit le contre-coup de la violence de la scène qui venait de se passer entre sa femme et son cousin. Tout le reste de la journée, Mme de Savigny ne fit qu'accabler son mari de reproches amers, au point que le pauvre homme en fut tout ahuri, puis bientôt tomba malade et se mit au lit. On crut d'abord à une indisposition passagère; mais cette machine si frêle, qui ne se soutenait qu'à force de soins, avait été si fort ébranlée, qu'il paraissait difficile qu'elle reprît son équilibre.

Mme de Savigny était désolée; elle se repentait avec amertume de ses emportements, et maintenant qu'elle y réfléchissait, elle reconnaissait qu'elle s'était conduite indignement; mais elle se serait bien gardée d'en convenir : c'était déjà beaucoup que de se l'avouer à elle-même.

Mme Labriche accourut aussitôt qu'elle apprit l'indisposition de M. de Savigny, et la visite faite par M. Porcher. Mme de Savigny lui raconta de quelle manière elle avait tenu la promesse qu'elle lui avait faite, malgré les menaces dont elle avait été l'objet de la part de cet ancien procureur; elle ne lui cacha pas non plus qu'elle craignait que cette scène ne fût en partie cause de la maladie de son mari.

Mme Labriche remercia sa noble amie dans les termes les plus chaleureux : puis, quand elle eut épuisé tout le repertoire de ses actions de grâces, elle amena la conversation sur un autre sujet, et demanda si monsieur avait fait le testament d'adoption qu'il projetait.

« Pas encore, répondit la comtesse, il attendait toujours d'avoir des nouvelles de M. de Bellemare, dont le consentement est nécessaire pour valider l'acte qui lui a conféré la tutelle officieuse, et par conséquent faire une adoption testamentaire.

— Mais, madame la comtesse, cette position est on ne peut plus précaire, et doit vous faire trembler, surtout en présence des menaces de l'avoué Porcher. Vous devriez le plus tôt possible vous mettre en règle; car, bien que monsieur ne soit pas en danger, on ne sait ni qui vit ni qui meurt, et à son âge, avec sa faible santé, on ne peut compter sur rien. S'il craint qu'une adoption faite par testament ne soit pas valable parce que le père de l'enfant n'a pas consenti à la tutelle, il peut toujours par testament instituer Jeanne pour son héritière universelle, et vous donner à vous, Madame, qui l'avez bien mérité, l'usufruit d'une partie de ses biens.

— Oh! je ne demande rien pour moi; mon douaire me suffira, et au besoin ma fille ne me laisserait jamais manquer de rien. Je crois effectivement que vous avez raison, et je vais envoyer chercher le notaire.

— Et pourquoi le notaire? Il faudrait avec lui au moins quatre témoins : c'est-à-dire que vous mettriez tout le village dans la confidence de vos affaires. M. de Savigny n'est pas si malade qu'il ne puisse écrire de sa main un testament olographe, qui est, m'a-t-on dit, le plus solide de tous les testaments, et dont personne n'aura connaissance que lui et la personne à qui il le remettra pour l'exécuter, c'est-à-dire vous.

— C'est fort bien, et je conviens que je préfèrerais de sa part un testament olographe à tout autre; mais, quoique M. de Savigny soit un homme des plus savants en une foule de choses, il ne connaît absolument rien en affaires; je ne le crois pas capable de faire par lui-même un pareil acte, à moins qu'il n'ait un modèle sous les yeux.

— Qu'à cela ne tienne; mon mari, qui a été long-temps clerc de notaire à Orléans, va vous faire un modèle parfaitement en règle, et monsieur n'aura qu'à le copier. Je vais aller vous le chercher tout de suite; car en pareil cas, moins on perd de temps, mieux cela vaut. »

Elle sortit à l'instant, et une demi-heure après elle rapporta un modèle de testament olographe, que Mme de Savigny présenta à son mari. Celui-ci le lut, et ne fit aucune difficulté pour le copier; seulement la faiblesse de sa main et un tremblement nerveux qu'il éprouvait, le forcèrent à s'y reprendre plusieurs fois. Quand il l'eut terminé, il le remit à sa femme, qui le serra avec les titres et papiers importants dont elle avait la garde.

Cependant, grâce aux soins dont il fut l'objet, surtout de la part de sa chère Jeanne, qui, si on l'eût laissée faire, ne l'aurait quitté ni jour ni nuit, il parut se rétablir un peu. Vers la fin d'octobre il y eut quelques beaux jours pendant lesquels le vieillard sembla se ranimer ; il fit plusieurs promenades dans le jardin, suspendu, pour ainsi dire, au bras de Jeanne, et lui souriant avec une tendresse toute paternelle.

Le mauvais temps qui se déclara au commencement de novembre le força de cesser ses promenades favorites ; bientôt après ses jambes enflèrent ; il resta environ deux mois languissant, conservant toujours toute sa connaissance, au point de répondre avec une parfaite intelligence, quand on lui administra les derniers sacrements, et quand on dit la prière des agonisants. Enfin il s'éteignit comme une lampe qui manque d'aliments, dans les premiers jours de janvier 1846.

M. de Savigny fut pleuré de toute la commune et des pauvres surtout, comme s'ils avaient perdu un père. Nous n'essaierons pas de peindre la douleur de Jeanne ; c'était le premier chagrin profond qu'elle éprouvait de sa vie ; car elle était trop jeune, quand elle avait perdu sa mère, pour sentir son malheur ; mais cette fois son cœur fut si vivement affecté, son âme tellement troublée, que l'on craignit pour sa santé, et il fallut la voix si puissante de son oncle le curé, parlant au nom de la religion, pour la ramener à elle-même.

Mme de Savigny fut aussi vivement touchée; mais elle avait plus de force de caractère, et elle savait mieux résister à la douleur.

A peine les funérailles étaient-elles terminées, que Mme Labriche vint rappeler à Mme de Savigny le testament dont elle était exécutrice, et qu'il fallait le publier le plus tôt possible, afin de se faire envoyer en possession des biens. Elle lui offrit de l'accompagner à Orléans, et de la faire conduire chez les hommes de loi qu'il faudrait employer pour remplir ces formalités indispensables.

On voit que Mme Labriche s'entendait aux affaires ; ce n'était pas étonnant : pendant que son mari était clerc de notaire, elle passait toute sa journée à faire des expéditions d'actes, de sorte qu'elle en avait appris presque toutes les formules, et même, ce qu'elle n'avait pas dit encore à Mme de Savigny, c'était elle qui, n'ayant pas trouvé son mari à la maison, avait fait le modèle du testament olographe qu'on allait publier ; et c'est pour cela qu'elle tenait tant à assister à cette publication, se réservant alors d'annoncer à sa noble amie qu'elle l'avait elle-même rédigé.

Mais quel fut le désappointement de l'une et de l'autre en arrivant à Orléans! Le premier homme de loi chez qui Mme Labriche conduisit la comtesse, après avoir jeté un coup d'œil sur le testament, s'écria : « Quel malheur, Madame, qu'il manque à cette pièce une des trois formalités essentielles qui sont indispensables pour rendre valables ces sortes d'actes ! La loi n'exige que trois choses : qu'il soit écrit en entier de la main du testateur, signé et daté ; les deux premières conditions s'y trouvent, mais la troisième manque. Le testament n'est pas daté : voyez plutôt. » Et il leur montra le malheureux papier, où la date était restée en blanc avec cette mention : « Fait à Beauregard ce... 1845, » sans indication du jour ni du mois.

« Comment, Monsieur ! s'écria Mme de Savigny, et cette omission suffit pour annuler le testament !

— Hélas ! oui, Madame.

— Ainsi les intentions de mon mari, manifestées depuis plus de dix ans par des actes publics, ne pourront être exécutées par suite d'une inadvertance ou d'un oubli bien facile à comprendre dans l'état de maladie où il se trouvait.

— Madame, reprit l'avocat après quelques instants de réflexion, je comprends tout ce qu'a de pénible votre position et surtout celle de l'intéressante orpheline que vous et monsieur votre mari vous aviez intention d'adopter, et je m'y intéresse vivement. Je pense aussi qu'en faisant ressortir ces considérations aux yeux du tribunal et en lui faisant remarquer qu'il n'y a pas absolument absence de date, mais seulement date incomplète, il ne fera pas difficulté de publier le testament, d'en ordonner le dépôt chez un notaire et de vous envoyer en possession provisoire des biens. S'il ne se présente personne intéressé à faire casser le

testament, les choses pourront en rester là, et votre
fille se trouvera légitimement investie de la succession ;
mais si par hasard il existe des héritiers du sang du
côté de monsieur votre mari qui élèvent une contestation sur la validité du testament, je crains bien qu'ils
ne réussissent très-facilement à le faire casser, car la
question a déjà été agitée, et la jurisprudence sur ce
point est à peu près fixée, c'est-à-dire que la date incomplète équivaut à l'absence de date. Dans tous les cas,
ce serait matière à un procès long, difficile, et dont le
résultat serait plus que douteux.

— Ainsi, Monsieur, que me conseillez-vous de faire
dans l'état actuel des choses ?

— Tout simplement de ne pas vous préoccuper de
l'avenir ; de présenter votre testament au tribunal, et
je me charge de ce soin, et de vous faire envoyer en
possession.

Ce conseil fut suivi, et le tribunal prononça l'envoi en
possession, selon la conclusion de l'avocat.

Les deux dames retournèrent ensuite bien tristement
à Savigny. La comtesse ne pouvait s'empêcher de penser
que, si Mme Labriche ne l'eût pas dissuadée d'appeler
le notaire, comme elle le voulait, ce malheur ne serait
pas arrivé. De son côté Mme Labriche était agitée par
des pensées qui n'étaient guère plus riantes ; elle voyait
le brillant édifice de dix ans de rêves, de soins et de
complaisances de toute sorte, sur le point de s'écrouler
de fond en comble. Elle essaya toutefois pendant le che-
min de consoler Mme de Savigny, en lui disant que,
quels que fussent les coups du sort dont elle pourrait

être frappée, il lui restait toujours une amie, sur laquelle elle pourrait compter.

Mais cette protestation avait quelque chose de contraint et de froid qui n'échappa point à Mme de Savigny. Le malheur rend défiant. Elle se rappela la prédiction de son frère dans les commencements de sa liaison avec cette dame, et elle trembla de la voir bientôt s'accomplir.

Mme de Savigny fit arrêter sa voiture devant la maison de M. le maire. Mme Labriche en descendit, après avoir fait un salut respectueux mais froid à sa compagne de voyage, et Mme de Savigny rentra seule à Beauregard. Sa fille la reçut dans ses bras au moment où elle descendait de voiture ; Mme de Savigny l'embrassa avec une effusion qui ne lui était pas ordinaire ; Jeanne lui rendit vivement cette caresse, heureuse de retrouver dans sa mère ces marques de tendresse qu'elle en recevait autrefois, mais dont elle était entièrement privée depuis longtemps.

« Ma fille, lui dit sa mère en lui prenant le bras pour monter l'escalier, allons causer dans ma chambre ; j'ai à te dire bien des choses entre nous seules. »

Jeanne, fort intriguée de ce qu'allait lui dire sa mère, s'empressa d'aider Julie à la débarrasser de sa toilette de voyage ; puis, quand tout fut prêt, la femme de chambre s'éloigna, et la mère eut avec sa fille une longue conversation que nous allons très-sommairement résumer.

« Mon enfant, dit en commençant Mme de Savigny, je ne me proposais pas de sitôt te parler de choses qui vont faire le sujet de mon entretien ; je te regardais encore comme trop jeune pour les comprendre et pouvoir les juger ; mais le chagrin donne de l'expérience et mûrit les idées. Tu as déjà eu ta part de peines : hélas ! il t'en reste bien d'autres à souffrir peut-être avant peu de temps. Que veux-tu, ma fille, la vie n'est composée que d'illusions et de douleurs ; ce n'est pas sans raison qu'on appelle ce bas monde une vallée de larmes ; aussi, bien fou serait celui qui voudrait y chercher le bonheur. »

Après ce préambule, que Jeanne avait écouté avec la plus grande attention, sans savoir où il devait aboutir, sa mère lui raconta le projet qu'avait conçu depuis longtemps Mme Labriche de la marier avec son fils Henri.

« Tiens, dit Jeanne, c'est donc pour cela que depuis quelque temps Caroline me répétait à chaque instant : « Oh! que je voudrais être votre sœur ! Vous le seriez « pourtant si vous épousiez mon frère ; je le voudrais « bien, et maman aussi. »

— Et que lui répondais-tu quand elle te disait cela?

— « Allons, vous dites des sottises, comme à votre « ordinaire ; » et je parlais d'autre chose. En effet, je ne regardais ce propos que comme une de ses niaiseries habituelles, et je l'aurais complétement oublié si ce que vous me dites ne me l'avait rappelé.

— Eh bien ! maintenant que tu sais que la chose était sérieuse, dis-moi, entre nous, que penses-tu de ce jeune homme?

— J'avoue que je serais fort embarrassée de le dire ;

car il n'a jamais un instant occupé ma pensée, si ce n'est quand il nous a débité, ces vacances, son catéchisme de bachelier ès lettres, et que vous et mon bon papa vous m'avez fait dire mon jugement sur sa science.

— Ce n'est pas de cela qu'il s'agit; voici ce que je veux te demander : si on te le proposait pour mari, aurais-tu une disposition, un penchant, ou bien une répugnance à l'accepter?

— Je n'ai jamais pensé au mariage, et je ne me sens pour Henri, pas plus que pour d'autres, ni répugnance ni penchant. Cependant je vous avoue que si l'on me disait : Il faut absolument te marier, et qu'on me laissât libre de choisir un mari, mon choix ne tomberait pas sur Henri Labriche.

— Aimerais-tu mieux M. Gustave Porcher? Car je dois te dire que c'est, ou du moins c'était un de tes prétendants.

— Pas davantage.

— Et pourquoi?

— Parce que je ne le connais pas. Je ne l'ai vu qu'un instant, et je ne crois pas qu'il m'ait adressé la parole.

— Ainsi, c'est entendu : tu n'as pas de penchant pour celui-ci parce que tu ne le connais pas assez, ni pour l'autre parce que tu le connais trop.

— Ma foi, maman, reprit Jeanne en souriant, c'est parfaitement résumer ma pensée.

— Eh bien! tant mieux, ma fille, je suis enchantée de te voir dans ces dispositions; car il est probable que tu perdras bientôt ces deux prétendants.

— Oh ! je vous assure, maman, que je suis déjà toute consolée de cette perte.

— Je le crois ; mais malheureusement ce n'est pas la seule qui te menace, et tu ne supporteras peut-être pas avec autant de résignation celle à laquelle nous sommes exposées. »

Alors elle lui raconta son voyage à Orléans, et la déclaration de son avocat au sujet du testament de son bon papa. Quand elle eut terminé, elle ajouta : « Il est maintenant plus que probable qu'aussitôt que M. Porcher aura connaissance du testament, il va l'attaquer à outrance, et malheureusement il est encore plus probable qu'il gagnera son procès. Ainsi, ma fille, ton bon papa, qui comptait te léguer une belle fortune, ne t'aura par le fait, et malgré ses bonnes intentions pour toi, rien laissé du tout.

— Rien laissé, maman ! reprit Jeanne avec un élan spontané ; et ne prenez-vous pour rien la bonne instruction qu'il m'a donnée ? Les excellentes leçons que j'ai reçues de lui resteront à jamais gravées dans mon esprit et dans mon cœur, et si je sais en profiter, elles seront pour moi le plus précieux héritage qu'il ait pu me léguer.

— Bien, ma fille, bien, dit sa mère en l'embrassant ; je suis heureuse de te voir dans ces sentiments, tâche de les conserver ; car nous aurons besoin l'une et l'autre de courage, quand il nous faudra quitter cette maison, ces délicieux jardins, ce beau domaine, où nous avons passé ensemble de si beaux jours.

— Je conviens que je ne les quitterai pas sans regrets ;

mais Dieu me donnera la force et la consolation nécessaires. Et d'ailleurs n'avons-nous pas en ce moment
un intercesseur auprès de lui qui prie pour nous, qui
veille sur nous ? Cette pensée, que mon bon oncle le
curé m'a suggérée après la mort de mon papa, a été
dès lors mon principal soutien ; je ne prie plus pour
lui, je l'invoque comme un saint. Si aujourd'hui nous
sommes privées des biens terrestres que ce vénérable
père voulait nous laisser, apparemment c'est pour nous
en dédommager d'une autre manière.

— J'admire ta résignation, ma fille, et j'avoue que
la mienne est loin de l'égaler ; mais enfin, quand on nous
aura enlevé ce magnifique héritage, comment vivrons-
nous ; car ce n'est pas le modique revenu de mon douaire
et le mobilier qui doit me revenir qui pourront suffire à
notre entretien commun ?

— Oh ! ma bonne mère, ne vous tourmentez pas ainsi
d'avance :

Dieu laissa-t-il jamais ses enfants au besoin ?

« Soyez tranquille, nous ne manquerons jamais du
nécessaire. Tenez, par exemple, il me vient une idée :
ne pourrions-nous pas entrer toutes deux, en qualité
de pensionnaires libres, au couvent où vous avez été
élevée ? Votre douaire suffirait pour payer votre pension, et moi, je ferais comme vous faisiez autrefois, je
donnerais des leçons pour payer la mienne. C'est alors
que je pourrais me servir utilement du plus précieux
héritage que m'aura laissé bon papa, héritage qui me

suivra partout, et que ni les envieux ni les procès ne pourront m'enlever.

— Oui, ma chère enfant, tu as là une excellente idée, et c'est Dieu sans doute qui te l'inspire : eh bien, préparons-nous à la mettre à exécution, car le plus tôt qu'on exécute les bonnes résolutions est toujours le meilleur. Maintenant embrasse-moi et séparons-nous ; nous avons l'une et l'autre besoin de repos. »

Quand Jeanne fut sortie, Mme de Savigny versa d'abondantes larmes, qu'elle avait eu bien de la peine à retenir en présence de sa fille, larmes tout à la fois d'attendrissement et de regret ; puis elle s'écria en levant les yeux au ciel : « O mon Dieu, quel trésor vous m'avez donné dans cette enfant ! jusqu'ici je n'en connaissais pas tout le prix : et j'ai été sur le point de la sacrifier ! O mon Dieu, pardonnez-moi à cause d'elle, car elle vaut mille fois mieux que moi. »

CHAPITRE VIII

Un procès à qui perd gagne.

Lorsque dans les grandes catastrophes de la vie on a fini par prendre un parti qui paraît le seul moyen de salut, on s'y arrête avec complaisance, on désire presque voir arriver l'événement qui nous forcera à mettre ce nouveau projet à exécution. Telle était la situation de Mme de Savigny et de Jeanne pendant les jours qui suivirent la conversation dont nous venons de rendre compte. Mme de Savigny regardait l'idée de Jeanne comme une véritable inspiration du Ciel ; Jeanne était heureuse de voir sa mère se disposer à entrer avec résignation dans la voie qu'elle lui avait elle-même indiquée ; et toutes deux attendaient maintenant avec calme les événements qui allaient survenir.

Dans un premier moment, Mme de Savigny voulait même les prévenir et mettre sur-le-champ à exécution l'idée de Jeanne, en se retirant immédiatement au cou-

vent, et en abandonnant une partie qu'elle ne pouvait
espérer de gagner. Son frère le curé l'en détourna.
Tout en approuvant entièrement leur résolution, il fut
d'avis qu'il ne fallait pas y mettre de précipitation.
« Vous êtes, dit-il à sa sœur, exécutrice testamentaire
des dernières volontés de votre mari ; vous devez jusqu'au bout défendre les intérêts de votre fille adoptive ; vous devez démontrer clairement à tous que les
intentions de votre mari ont toujours été d'adopter
cette enfant et de lui laisser sa fortune, et que si l'acte
par lequel il a manifesté ses dernières volontés est en-
taché de quelque vice de forme, il n'en est pas moins
la fidèle expression de ces mêmes volontés. Agissez
ainsi, et les juges, tout en vous condamnant parce que
le texte de la loi les y force, vous plaindront, vous et
votre pupille, et l'opinion publique partagera ce senti-
ment. Au contraire, abandonner la lutte sans combat, ce
serait en quelque sorte reconnaître vous-même que le
testament de votre mari n'était pas un acte sérieux, et
peut-être qu'il ne l'avait écrit que dans un moment de
faiblesse et en cédant aux influences et aux obsessions
dont il était entouré. »

Cédant à cet avis, Mme de Savigny se résolut, bien
malgré elle, à soutenir le combat.

Il ne tarda pas à s'engager. Un mois ne s'était pas
encore écoulé depuis la mort de son mari, lorsqu'elle
reçut, à la requête du sieur Porcher, ex-avoué, une
assignation à comparaître devant le juge pour *voir
dire* que le testament du sieur Porcher *dit* de Savigny,
son cousin, dont elle poursuivait l'exécution, était nul

et de nul effet, etc. etc. Suivaient une page ou deux de conclusions.

Mᵐᵉ de Savigny porta cette pièce à son homme de loi. Cette fois, elle était accompagnée de sa fille ; maintenant elle ne pouvait plus se passer de Jeanne. Jusqu'à présent elle l'avait traitée comme une enfant sans conséquence, à qui elle ne se serait pas avisée de confier un secret ni de demander un conseil. Depuis l'entretien dont nous avons parlé, Jeanne s'était élevée dans son esprit à une hauteur extraordinaire ; Mᵐᵉ de Savigny la traitait à présent comme une amie intime, comme une sœur, à qui elle ne cachait aucune de ses pensées, et qu'elle consultait dans toutes les occasions importantes.

« Mesdames, leur dit l'avocat quand il les vit entrer dans son cabinet, je vous attendais avec impatience. Je suis chargé de la part de votre adversaire de vous proposer une transaction qui mettra fin au procès d'une manière avantageuse pour vous. M. Porcher le père sort d'ici il n'y a qu'un instant, et voici ce qu'il m'a dit : « C'est malgré mon fils que j'ai entamé ce « procès ; je crois que si je le poursuivais il en de- « viendrait fou. Figurez-vous que, malgré mon droit « évident, clair comme l'article 970 du Code civil, il « prétend que si je gagne mon procès ce sera une « injustice. Au fond je sais bien ce qui le tient : il « désirerait épouser Mˡˡᵉ Jeanne de Bellemare, la fille « adoptive de mon cousin, et ce serait une mauvaise « manière de lui faire sa cour que de lui intenter un « procès. Au fond, nous autres praticiens, nous rions

« de ces sottes billevesées qui font tourner la tête des
« jeunes gens, et je rirais de celle-ci si je ne craignais
« que mon garçon ne prît la chose trop à cœur. Au
« fait, je n'ai que lui d'enfant, et je ne veux pas le
« contrarier au point peut-être de le rendre malade.
« Or donc, mon cher maître, voici ce que je propose
« à ma partie adverse par forme de transaction : Que
« Mlle Jeanne consente à épouser mon fils; auquel cas
« je consens à annuler la procédure commencée, et à
« reconnaître la validité du testament. » Voilà, Mesdames, ajouta l'avocat, la proposition dont il m'a chargée : c'est à vous de décider.

— Parle, ma fille, dit Mme de Savigny, c'est toi que
cela regarde; tout ce que tu répondras, je l'approu-
verai.

— En ce cas, maman, ma réponse sera bientôt
faite : Je ne saurais accepter les conditions de M. Porcher.

— Comment, Mademoiselle! mais y pensez-vous?
s'écria l'avocat stupéfait : songez donc que votre procès est aux trois quarts et demi perdu, s'il ne l'est pas
entièrement. Vous trouvez une occasion de vous en tirer
d'une manière on ne peut plus avantageuse et parfaitement honorable, et vous refusez! Mais c'est de la dé-
mence! Madame, je vous en prie, faites revenir votre
fille sur une décision dont elle ne comprend ni l'importance ni la portée.

— Ma fille a parfaitement compris, Monsieur, qu'on
voulait faire de sa main en quelque sorte l'appoint d'un
marché ou de ce que vous appelez une transaction;

qu'en acceptant une pareille condition, sans savoir si l'époux qu'on lui propose lui convient, c'était aliéner sa liberté, et s'exposer ou à manquer à cet engagement, ou à l'accepter à contre-cœur, ce qui dans l'un et l'autre cas répugne à sa délicatesse.

— Mais, Madame, je vous assure que c'est un jeune homme parfaitement honorable, et qui, je puis vous l'affirmer, fera un jour l'honneur du barreau de Paris. Ceci demande donc réflexion : à moins toutefois que Mademoiselle n'ait des engagements d'autre part ; alors seulement je pourrais, à la rigueur, comprendre un pareil refus.

— Monsieur, je puis vous affirmer à mon tour que ma fille est libre, parfaitement libre de tout engagement, et que son refus n'a pas d'autre motif que celui que je vous ai donné. »

L'avocat voulut encore insister ; mais ce fut en vain.

« Je souhaite, leur dit-il en les quittant, que vous n'ayez pas à vous repentir plus tard du refus que vous faites en ce moment. »

Le procès suivit son cours, mais avec lenteur. L'ex-avoué, qui seul mettait quelque activité à la poursuite, était tombé malade, et ne s'occupait presque plus de cette affaire ; son fils, qui était retourné à Paris, ne s'en occupait pas du tout. Enfin ce fut après plus d'un an que, de remise en remise, le procès fut jugé, en novembre 1847. Le testament fut déclaré nul, mais avec des considérants qui prouvaient que les juges n'avaient appliqué qu'à regret le texte de la loi.

Le vieux Porcher ne put jouir de son triomphe : il mourut le jour même où le jugement fut rendu.

En apprenant la décision des juges, à laquelle, du reste, elles étaient toutes préparées, Jeanne et sa mère ne firent pas entendre la moindre plainte, et ne songèrent plus qu'à faire les dispositions nécessaires pour exécuter leur projet de retraite dans un couvent.

Depuis la mort de M. de Savigny, ces dames avaient vécu dans un isolement presque complet ; elles ne voyaient habituellement que M. le curé, qui ne manquait jamais de les visiter chaque jour, et de temps en temps la femme du médecin. Depuis longtemps Mme Labriche avait cessé de paraître à Beauregard et d'y envoyer Caroline.

La dernière fois que celle-ci avait vu son amie, elle était bien triste, et lui avait dit, le cœur gros de soupirs et les yeux pleins de larmes : « Maman ne veut plus que je vienne vous voir ; elle ne veut plus que vous soyez ma sœur et que vous épousiez mon frère.

— Eh bien ! ma bonne Caroline, avait répondu Jeanne, il faut obéir à votre mère.

— C'est bien dur pour moi ; j'avais espéré que mon frère ferait changer maman d'avis, car il disait aussi dans le temps qu'il voulait bien se marier avec vous ; mais quand je lui en ai parlé, il m'a ri au nez, et m'a répondu : « Je l'épouserai quand elle aura gagné « son procès. »

Jeanne raconta cette conversation à sa mère, tout en plaignant et en regrettant sa bonne Caroline. M⁻ᵉ de Savigny baissa la tête et soupira en pensant qu'elle avait accordé son amitié et sa confiance à une pareille femme.

Un mois s'était écoulé depuis le prononcé du jugement, et on ne l'avait pas encore signifié. Mᵐᵉ de Savigny en était tout étonnée, et elle en parlait un jour avec son frère pendant une de ses visites quotidiennes, quand tout à coup on annonça la visite de son avocat.

« Mesdames, leur dit-il en entrant, vous voyez en moi un messager de bonnes nouvelles, et c'est pourquoi je n'ai voulu confier à personne la mission de vous les annoncer. Je vous apporte le désistement authentique de M. Gustave Porcher à toute poursuite tendant à l'annulation du testament de M. de Savigny; la renonciation formelle aux bénéfices du jugement déjà intervenu dans cette affaire; enfin la déclaration explicite, faite par-devant notaire, qu'il reconnaît comme vrai et valide le testament olographe de M. de Savigny conçu en ces termes, etc.; par conséquent il s'interdit expressément de faire toute opposition contre l'exécution dudit testament, qui devra sortir son plein et entier effet, s'engageant, etc.; renonçant, etc... Je me dispense, Mesdames, ajouta l'avocat, de vous lire ces formules un peu barbares de la pratique; mais ce qu'il y a de plus remarquable dans tous ces actes, c'est qu'ils sont faits expressément sans

condition aucune, et présentés non comme des actes
de générosité de la part du signataire, mais comme
des actes de justice et d'équité, et uniquement pour
satisfaire à ce que lui prescrit sa conscience. C'est ce
qu'il m'a bien expliqué de vive voix, en me remettant
ces pièces et en me recommandant fortement de vous
faire bien comprendre que vous ne devez lui avoir aucune obligation pour ce qu'il a fait, parce qu'il l'aurait
fait pour tout autre qui se serait trouvé dans le même
cas; qu'en un mot il a accompli son devoir, qu'il n'a eu
aucun mérite à le faire, et que par conséquent on n'a
pas à lui en savoir gré. »

Les trois auditeurs de l'avocat croyaient rêver; mais
les pièces authentiques étaient là revêtues de toutes les
formalités légales, et leur langage muet était encore
plus éloquent que la parole de l'avocat. Il se fit un instant de silence, que Mᵐᵉ de Savigny rompit la première.
« En vérité cela me confond. Je ne puis m'empêcher
pour ma part d'admirer la délicatesse du procédé de
M. Gustave; mais de notre côté, je ne sais pas si nous
devons accepter...

— Ah! Madame, pour cette fois, interrompit vivement l'homme de loi, vous me permettrez de vous dire
que ce serait pousser la délicatesse un peu trop loin;
je vous demande alors ce que deviendra la succession
de M. votre mari si vous n'en voulez point, car je
vous déclare formellement que M. Gustave Porcher
n'en veut pas davantage. Ainsi, ce sera une succession vacante, qui tombera dans le domaine de l'État.
Allons, Madame, pas de faux scrupule; ici il n'y a

pas à en avoir; vous seriez moins étonnée si vous connaissiez M. Gustave comme je le connais. C'est un jeune homme qui ne ressemble guère à la plupart de nos jeunes gens d'aujourd'hui; il est profondément religieux de foi et de pratique; il fait partie de la société de Saint-Vincent-de-Paul; son extrême délicatesse s'offenserait à bon droit, et il serait au désespoir d'apprendre que vous lui supposez, dans ce qu'il a fait, quelque arrière-pensée contraire à ce qu'il a ouvertement déclaré.

— Permettez-moi, monsieur l'avocat, dit le curé, de vous répondre au nom de ma sœur et de ma nièce; si j'interprète mal leurs pensées, elles sont là pour me redresser.

« Ces dames ont été vivement touchées du noble procédé de M. Gustave Porcher; il a beau chercher à en atténuer le mérite, elles le comprennent et l'apprécient. Mais M. Gustave n'est pas le seul qui dans cette occasion ait à compter avec sa conscience. Si ma nièce a refusé sa main à M. Gustave quand on en faisait le prix d'un marché, aujourd'hui qu'on ne lui impose aucune condition, elle pense peut-être qu'elle ne doit recevoir un cadeau pareil à celui que veut lui faire M. Gustave que de la main d'un époux; ma sœur croit donc devoir autoriser la recherche que M. Porcher pourra faire de la main de sa fille, si ses intentions sont les mêmes qu'autrefois. Alors chacun de part et d'autre sera parfaitement libre, et les consentements n'y seront ni imposés ni forcés. »

Mme de Savigny acquiesça à tout ce que venait de

dire son frère, tant en son nom qu'en celui de sa fille.

L'avocat s'empressa de faire part à Gustave du résultat de sa visite. Le lendemain il se présentait à Beauregard ; quinze jours après les bans étaient publiés, et la semaine suivante M. Porcher épousait Mlle Jeanne de Bellemare.

Quelques jours avant la célébration du mariage, M. le maire transmit à Mme de Savigny un paquet venant du ministère des affaires étrangères, et contenant les pièces suivantes, envoyées par le consul de France de Calcutta : 1° une expédition de l'acte de décès de M. de Bellemare, ancien négociant français, mort à Delhi, en 1840 ; 2° l'inventaire de sa succession recueillie par les consuls de France au profit des héritiers français du défunt. L'actif net de sa succession se montait à quarante et quelques mille livres sterling ; sur quoi il y aurait à payer les droits envers le gouvernement anglais, et le change sur les différentes places pour toucher ce montant à Paris ; ce qui pourrait la réduire à la somme ronde de quarante mille livres, c'est-à-dire un million de francs.

Quand Mme Labriche apprit cette nouvelle, elle s'écria :

« Dire que c'est nous qui avons tiré les marrons du feu ! Ah ! si j'avais su, quand mon mari écrivit au ministère, qu'on aurait une pareille réponse, Mlle Jeanne ne s'appellerait pas aujourd'hui Mme Porcher ! Un million, c'était bien joli ! »

Elle se consola en pensant que son mari, qui s'était

proclamé républicain de la veille le lendemain de la révolution de février, allait être nommé représentant du
peuple.

Il eut quatre voix dans l'arrondissement.

FIN

TABLE

www.ingramcontent.com/pod-product-compliance
Lightning Source LLC
Chambersburg PA
CBHW070405090426
42733CB00009B/1547